结构化管理思维

吴也晴 著

海洋出版社

图书在版编目（CIP）数据

结构化管理思维 / 吴也晴著. -- 北京 : 海洋出版社，2025. 2（2025. 5 重印）. -- ISBN 978-7-5210-1436-5

Ⅰ. F272

中国国家版本馆 CIP 数据核字第 2025KF1103 号

结构化管理思维
JIEGOUHUA GUANLI SIWEI

吴也晴 著

策　　划：张芮宁
责任编辑：刘　斌
装帧设计：触点视界设计工作室
制　　作：汪忠勇　胡紫燕
责任印制：安　淼

海洋出版社 出版发行

网　　址：www.oceanpress.com.cn
地　　址：北京市海淀区大慧寺路 8 号
邮　　编：100081
印　　刷：咸宁市国宾印务有限公司
经　　销：新华书店
版　　次：2025 年 2 月第 1 版　2025 年 5 月第 2 次印刷
开　　本：710 mm × 1010 mm　1/16
印　　张：14.5
字　　数：180 千字
定　　价：58.00 元
发 行 部：010-62100090
总 编 室：010-62100034

第一章　做事思维

第二章　识人思维

第三章　管理思维

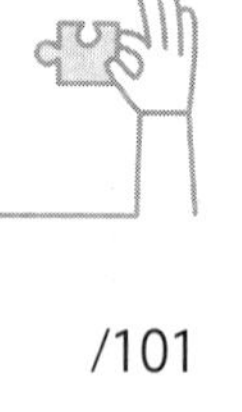

第四章　沟通思维

第五章　实践思维

第六章　变革思维

第七章　战略思维

第一章
做事思维

目标思维

朝着期望的成果前进

领导力——别被事情牵着鼻子走

1. 如果定不好目标，你的团队就会像无头苍蝇一样乱闯乱撞。
2. 评估下属行不行之前，先看看你的目标定得对不对。
3. 企业最怕的不是做错，而是只会拍脑袋定目标的领导者。
4. 目标定错了，路也就走错了。

在人类的共同劳动与协作中，“管理者”的概念应运而生，并随着人类社会的进步不断发展。当我们提及管理者时，其核心驱动力往往源于一个共同的目标。这个目标不仅是组织或群体存在的基础，更是管理者活动得以展开和持续的核心动力。

在现代社会中，无论是个人、家庭、团体，还是地区和国家乃至整个社会，都在为实现特定的目标而不断努力。这些目标的实现，无不依赖于有效的管理。管理者通过协调各方资源，激发成员的潜能，确保所有行动都围绕着共同的目标进行，从而推动组织或群体向着既定目标稳步前进。

可以说，目标对于领导力的塑造有举足轻重的作用。一个明确、具体且切实可行的目标，能够为管理者提供明确的方向和动力。而关于目标与领导力的关系，可以用三个石匠的故事说明。

某日，一个路人经过一个建筑工地，看到三个石匠正在辛勤地工作。他好奇地上前询问："你们在做什么呢？"

第一个石匠头也不抬地说："我在混口饭吃。"第二个石匠抬起头，微笑着回答："我在做最棒的石匠活。"

而第三个石匠，他放下手中的锤子，眼中闪烁着光芒，说："我正在建造一座世界上最伟大的建筑。"

在这个故事中，三个石匠虽然从事着相同的工作，但他们的目标却截然不同。这种情况在目标不一致的团队中并不罕见。毫无疑问，第三个石匠将个人目标与组织目标相结合，关注组织的长期目标和愿景，更对目标有深刻理解，展现了管理者的品质。第二个石匠则更注重个人技能的提升，至于第一个石匠，他仅仅是为了生计而工作。

目标思维的核心不仅在于对齐团队的终极目标，更在于确保团队成员的目标与整体目标保持一致。只有这样，团队才能形成强大的凝聚力，为实现目标而共同努力。

我曾因公司业务拓展的需要，前往合作公司总部洽谈业务。对接人李先生热情地接待了我，并带我参观了他们的办公室。然而，办公室的景象却让我有些惊讶。员工们忙碌地穿梭在办公桌和文件堆之间，电脑屏幕上充斥着各种未完成的文档和闪烁着各种未读的邮件。就连李先生自己也显得异常忙碌——我们的对话时常被突如其来的事情、电话和邮件打断。

在这次交流过程中，我尝试与李先生探讨他的团队目标或计划，他却总是含糊其词，无法给出清晰的答复。随着合作的深入，我们不可避免地聊到了团队管理的话题。李先生这才坦言，他们意识到这种工作方式不仅降低了工作效率，还使整个团队的工作在合作过程中异常混乱。

面对这样的困境，他深知引入一种有效的目标管理方法势在必行。于是，我向李先生推荐了 OKR（目标与关键成果法）和 SMART 原则这两种目标管理方法。

OKR

我们在制定目标时可以将整个团队的目标，根据时间维度切分成长期、中期、短期。其中，长期目标对应的是团队的愿景和战略，负责制定长期目标的是团队的高层管理者，他们思考的是：我们要去哪儿？短期目标对比长期目标更加切合实际一点，负责制定短期目标的是基层管理者，他们会思考应该怎么做好这个项目。

中期目标在整个团队的目标规划中起承上启下的作用，它既要指导短期目标的实现，也要让团队对齐长期目标。而这一步就是 OKR 的作用域。

在 OKR 中，“O”代表目标，即我想要去哪儿，“KR”则指的是关键结果，这个关键结果是否完成是检验个人是否脱离团队目标的关键。

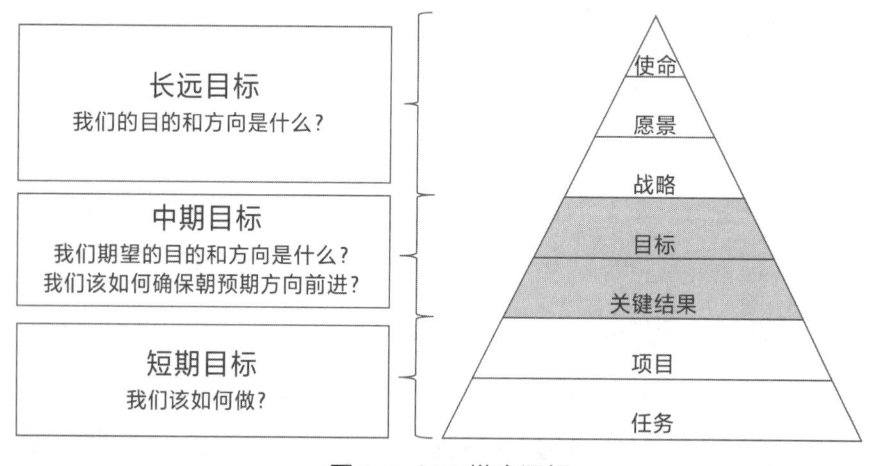

图 1-1 OKR 梯度逻辑

OKR 为团队提供了一个清晰的框架，帮助团队从战略层面出发，明确目标（Objectives）和关键成果（Key Results）。它一共包含六个关键的构成要素，即严密的思考框架、持续的纪律要求、确保员工紧密协作、精力聚焦、做出可衡量的贡献和促进组织成长。在这个框架下，OKR 要求组织和个人保持对目标的持续关注，做到定期回顾和更新，以确保工作始终围绕目标展开。

在跨部门、跨团队的协作中，OKR 明确了每个人的职责和角色，要求团队中的个人做到关键成果共享，从而进一步促进员工之间的沟通和协作。

对于员工个人而言，OKR 要求他们必须设定优先级和明确的时间节点。这样可以帮助他们确定工作重点，将精力集中在关键任务上，避免因琐碎事务分散精力，从而确保工作高效、有序地进行。

OKR 的关键成果必须可量化，这样才有利于评估员工和团队的贡献。在可量化的大前提下，定期评估关键成果的达成情况，可以帮助员工清楚地了解自己的工作表现，并找到改进的方向。组织也可以根据关键成果的达成情况，及时调整战略和分配资源，确保目标的高效实现。

也就是说，OKR 不仅关注短期目标的达成，还关注组织的长期发展。在追求目标的过程中，组织可以不断积累经验、优化流程、提高效能，从而实现持续增长。可以说，OKR 是目标思维的具象化，它的意义就在于让目标思维更好地落地生根，通过制定明确的、可衡量的目标，并设定关键结果，让团队和个人更清晰地了解自己的工作方向和重点。

SMART 原则

团队管理者在引入 OKR 时，一定要确保目标（Objectives）的设定遵循 SMART 原则。因为 SMART 原则可以帮助团队制定具体的、可衡量的、可达成的、相关的且有时限的目标，从而确保整个团队的目标一致，并有助于实现组织的整体战略。

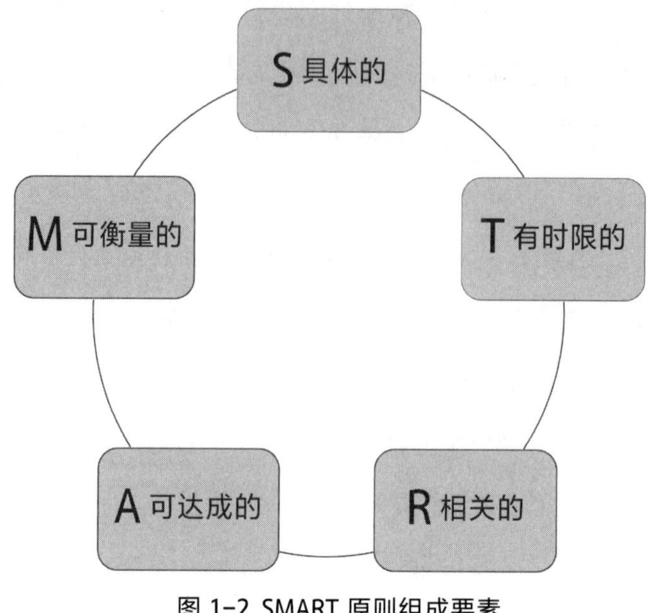

图 1-2 SMART 原则组成要素

李先生告诉我，我们此次合作主要是为了提高销售额。于是，我协助他进行了一系列测算，并将团队的“O”（目标，Objectives）设定为：“在接下来的一个季度内实现销售额增长 15%。”目标包含了具体的时间期限（接下来的一个季度）和量化的目标增长率（销售额增长 15%），以确保“O”能兼具挑战性和可行性。从结果导向来说，这样的目标便于后续对关键成果（Key Results）进行设定和评估。而在执行过程中，它也能更大程度地激发团队的积极性和创造性。

再往下拆，每个团队成员都可以根据团队 OKR 设定属于自己的 OKR。为了更进一步理解 OKR 的使用，此处以负责内容部分的成员小王为例。他的 OKR 可以设定为：

O：通过优化内容营销策略提高网站流量，并促进销售转化。

KR1：制定并执行至少 3 个内容营销活动，活动完成后的一周内，统计每个活动的访问量增长率并且确保增长率至少达到 10%。

KR2：追踪关键词排名变化，确保发布的内容在搜索引擎中排名提升 10%。

KR3：给销售团队提供有价值的内容支持，以推动销售转化，转化率提升至少 3%。

这样的个人 OKR 设定可以帮助小王确保自己的工作与团队的整体目标保持一致，并在自己的专业领域内为团队的目标做出贡献。

目标思维是一种以结果为导向的思维方式，关注目标设定与实现过程。它可以帮助管理者不断进步，最终达成心中所愿，成为有远见、能克服困难的人。

责任思维

有担当才是好榜样

领导力——不要害怕担责

1. 领导力在于身先士卒，责任铸就威望，非职位所能赋予。
2. 你越大力倡导责任意识，下属越有主动担当的精神。你越轻描淡写，下属越缺乏积极性。
3. 请你来是解决问题的，不是提出问题的。
4. 企业最担忧的并非个别员工的一时疏忽，而是那些只会空泛强调责任的管理者。

在理想情况下，公司的各个部门都应有明确的职责范围和权限，以便高效地执行任务并承担相应的责任。然而，在实际操作中，由于各种原因，如管理不善、沟通不畅或制度不健全等，可能会出现权责不明、职责重叠或推诿扯皮等问题。

传统的责任教育充满陈词滥调和空洞言辞，已经难以适应当代人对责任认知与管理的深层次需求，在实际操作中显得浮于表面，于是事态往往会演变成找借口和“踢皮球”。

有家科技公司建了一栋七层的办公楼，其中顶楼办公室的卫生间经常出现反味的问题，许多员工向综合办公室反映，却始终未得到解决。

问题的“历史原因”颇为复杂。原本，卫生间的问题应该是物业负责处理，但物业团队认为这是管道设计缺陷导致顶楼水压不足，应该找维修部门解决。维修部负责人勘察后，指出是大楼施工方偷工减料，导致管道方案要调整，主张由法务部向施工方索赔。

法务部则表示，诉讼索赔可能需要很长时间，与其等待司法流程结束再维修，不如先批款解决管道问题，于是责任又转移到了财务部。财务部负责人说，调整管道方案的预估费用过高，需要由责任部门向老板提出汇报才能获取专项经费，这不属于他们的职责范围。

各部门考虑到维修卫生间这种小问题还需要找老板伸手要钱，纷纷选择回避。大家都认为这不是自己部门单独的责任，若其他人不提，自己也不愿意揽事上身。万一给老板留下了“这点小事都解决不明白”的印象，岂不是得不偿失？因此，问题就搁置了下来。

直到近期综合办公室新来了一名员工小张，他注意到员工的投诉，也了解了来龙去脉后，跟上司小李提出了自己的想法。

小张觉得，这个问题不仅困扰员工，而且下个月有国外客户到公司参观，综合办不处理也会影响公司形象。问题既然汇报给了综合办，就应该由综合办负责给出一个方案。小张说：“我们完全可以多安排一个清洁工，每天用高压水枪定时冲洗，从维护上先缓解问题，等到法务部走完索赔流程就行了！”上司小李听后表示赞同，感叹道：“我们之前怎么被绕进去了，把简单的问题复杂化了呢？”

针对这个问题，综合办公室本就可以采取一个简单的办法先缓解，但经过一番跨部门沟通后，问题被不断放大，参与者越来越复杂，综合办公室的主体责任反而被淡化了。到最后，其他部门都已经在自己的职权范围内给到了相应支持，综合办公室却隐身了，他们显然已经忘记了自己才是整件事的责任主体。

明确责任主客体思维

当责任主客体不明确时，工作推诿、沟通不畅、决策迟缓等一系列问题就会接踵而至，最终导致团队的整体效率低下，影响工作进度。为了解决这一问题，我们需要学会明确责任主客体，深入分析事件，以便在维护多方利益的同时，高效解决问题，避免陷入尴尬境地。

从理论上来说，责任主客体的划分主体必然是人，而客体既可以是事情也可以是人。在职场中，我们将客体定义为人，可以更好地帮助我们理解这一思维。

我们可以简单将主体和客体理解成行动者和评价者，因为问题的提出需要主体付诸行动去解决，也需要客体对解决的情况进行评价。在企业与客户的关系中，企业一般扮演着责任主体的角色，主要负责承担责任，解决客体的问题。而在企业内部，员工作为责任主体承担责任客体——老板遇到的问题。

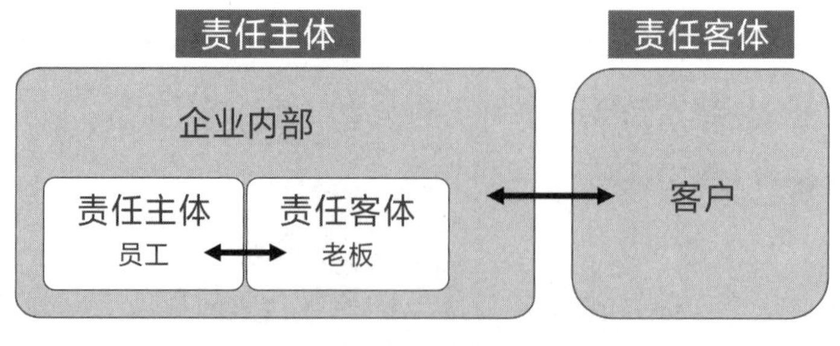

图 1-3 责任主客体关系

案例中体现的问题恰好可以帮助我们思考这两者的关系：不论是面临什么问题，作为责任主体的员工最终都需要解决老板遇到的问题或代表企业解决客户的问题。

案例中，综合办公室的小李在处理卫生间反味问题时缺乏主动性和责任感，作为问题的上报者，他本应承担责任主体的角色，积极推进问题的解决，无论是向老板申请必要的经费，还是提出其他可行的方案。然而，由于涉及多个部门的协调，综合办公室在处理过程中逐渐失去了主导地位，小李也淡化了自身的责任主体意识，这就是典型的“踢皮球”导致的结果，其实是一种不负责的表现。

在问题面前，责任主体应当积极发挥自己的作用，主动沟通与协作，快速应对，而不是互相推卸责任。

新员工小张的加入为这一僵局带来了转机。他展现了责任主体的主观能动性，面对复杂的情况，他没有随波逐流，而是重新从解决问题的角度出发，提出了切实可行的临时解决方案，并实质性地推动了问题的解决进程。

当然，客体思维也很重要。随着现代管理理论和实践的不断发展，管理者们逐渐认识到，单纯的责任主体思维或责任客体思维，都无法完全满足复杂多变的管理需求。因为在实际操作中，责任客体思维对应的是管理型，这类管理者认为自己是责任客体，下属是责任主体，问题由自己提出，下属负责解决并接受自己的评价。而责任主体思维对应的则是服务型，管理者会及时留意下属的意见。

应用责任主客体思维

应用责任主客体思维，既强调管理者的责任担当，又注重下属的主动性和创造性。在这种思维模式下，管理者不再是单纯的命令发布者，而是下属的合作伙伴、指导者和支持者；下属也不再是单纯的执行者，而是解决问题的参与者、创新者和推动者。

图 1-4 责任主客体思维双重性

例如，在工作中遇到难题时，管理者应该这样说：“我相信你有能力解决这个问题，我会提供必要的支持和资源，我们一起来探讨一下解决方案吧！”而不是说：“今天这个事你一定要解决！”在分析完一个复杂的问题之后，可以试着询问“我讲清楚了没有”，而不是问“你们听懂了吗”。责任主体思维要求管理者具备更高的情商和领导能力。他们需要学会倾听，理解和尊重下属的想法和意见，能够灵活地调整自己的管理策略和方法，以适应不同下属和不同情境的需求。

结合案例来说，综合部门小李可以这样说：“小张，你发现的问题非常重要，感谢你的及时汇报，我们一起来看看如何解决这个问题。”同时联系相关部门并提供必要的资源支持，此时小李更多的是充当一个责任客体，提出问题以及配合其他部门协商解决。而当其他部门互相指责推诿时，他就应该站出来充当责任主体，提出临时解决方案解决这一问题。

综上所述，责任主客体思维要求管理者既要站在责任主体的角度，理解其工作难处和限制，又要从责任客体的视角出发，审视任务完成的期望和标准。综合考量之下，管理者才能够更全面地了解问题的根源，找到解决问题的关键。

闭环思维

确保每一项任务都有始有终

领导力——及时反馈很重要

1. 让你的下属学会收到即回复，是培养闭环思维的开始。
2. 凡事有计划，问题早知会，约定必落实，事后要反馈。
3. 靠谱，就是在协作中完成闭环。
4. 敷衍工作就是在敷衍你的前途。

在当今竞争激烈的商业环境中，企业的成功不仅仅取决于创新的理念和高效的执行，更在于对每一项任务的精细化管理，以确保其有始有终，形成完整的闭环。闭环思维作为一种系统性的管理理念，对于保证工作质量、促进团队协作以及提升企业的运营效率具有至关重要的作用。

最低层次的闭环是停留在管理者和下属两人之间的闭环，即“我交给你这项工作，你要告诉我结果”。这种低层次闭环常常给企业带来各种管理难题。

小李是我在刚担任管理岗位时所带领的一名职场新人，他性格内向，不过工作积极努力。有一次，我交给了他一项重要任务，并明确告诉他要按时完成并向我汇报结果。小李信心满满地接受了任务，但在任务执行过程中却频频遇到难题。在这种情况下，他并没有及时向我汇报，而是默默尝试解决，因为他害怕给我添麻烦，也怕给我留下能力不足的印象。谁知问题越来越复杂，直到我询问任务进展时，他才支支吾吾地说出实情。这项任务对团队来说很重要，一旦延期，后果十分严重。因为小李的“害怕”，团队连续加班才最终赶上进度。

后来复盘时，我才意识到这不仅仅是小李的责任，也是我身为他直属上司的责任。因为我没有给小李足够的支持，没能让他知晓可以随时向我寻求帮助。

从那以后，我在团队中提出了“有困难要举手”的口号。我告诉大家，每个人都会遇到困难，这很正常，我们应该共同努力去解决。所以遇到问题不要害怕，要及时沟通和寻求帮助。

案例中这种简单的结果导向闭环往往容易让人忽略任务执行过程中的细节和潜在问题，以及任务执行过程中沟通和协作的重要性，最终使小问题逐渐演变成大问题。例如，小李遇到难题时选择独自解决这件事，而“我”作为管理者也未能及时察觉风险并提供支持。

类似的情况在很多企业中都很常见。所以，我们需要认识到这种低层次闭环的局限性，同时学习更高层次的闭环思维：PDCA 循环，即不断优化提升一件事情，并最终让整个企业形成正向的 PDCA 螺旋上升。

PDCA 循环

PDCA 循环，又称戴明环，它由质量管理专家沃特·阿曼德·休哈特首先提出，后由威廉·爱德华兹·戴明博士采纳、推广。它的基本原理是：确保每一项工作都经过计划（Plan）、执行（Do）、检查（Check）和处理（Act）四个阶段，并且四个阶段不断循环，逐步提高工作质量和效率。

- Plan（计划）：确定目标和制订计划，包括明确要解决的问题、设定目标、分析现状、找出原因、制定对策和计划。
- Do（执行）：按照计划实施行动，执行制定的措施和方案。
- Check（检查）：对执行的结果进行检查和评估，比较实际结果与预期目标，找出偏差和问题。
- Act（处理）：根据检查的结果，采取相应的措施进行处理。如果结果达到预期，就总结经验，加以标准化，以便今后遵循；如果结果未达到预期，就分析原因，制定改进措施，进入下一个 PDCA 循环。

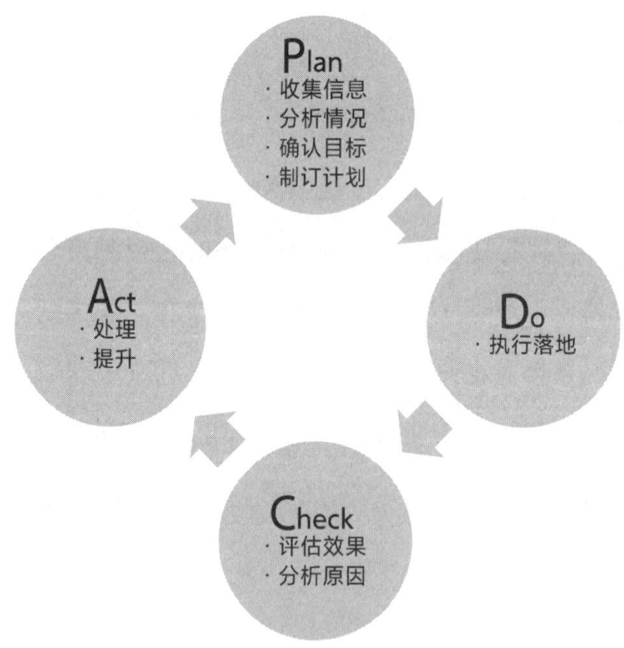

图 1-5 PDCA 循环的概述

PDCA 循环中的执行阶段和处理阶段虽然本质上都是行动，但它们在PDCA 循环中有不同的侧重点和目的。其中，执行阶段（Do）主要是按照计划阶段制订的行动计划来实施具体的任务，它的重点是将计划转化为实际行动，强调的是对计划的贯彻执行。在这个阶段，团队成员专注于完成分配给他们的工作，确保各项任务能够按时、按质量要求完成。

处理阶段（Act）则是在检查阶段（Check）之后进行的。它主要是根据检查阶段发现的问题和偏差，采取相应的措施进行处理。其重点在于对问题的反思和改进，通过调整和优化来推动下一个循环的改进。这个阶段的行动通常包括总结经验教训、制定改进措施、调整计划等，旨在解决问题、优化流程、提高绩效。

总的来说，运用 PDCA 循环可以使思维方式和工作步骤更加条理化、系统化。

正向闭环

闭环思维一般可以分为三个层次：单件事的反馈、单件事基于 PDCA 的持续改进以及运用螺旋上升式的 PDCA 循环推动企业持续发展。其中，螺旋上升式的 PDCA 循环源于 PDCA 的特性：不仅适用于单独循环，也适用于多层级循环。例如，正在推进的项目对于业务线而言是 PDCA 中的一个小环，而对于拆分的子任务而言又是大环。

一般来说，这种螺旋上升式的 PDCA 循环被称为正向闭环。我们可以通过不断地制订计划、执行计划、检查结果和处理问题，使每次循环都取得一定进步和提升。

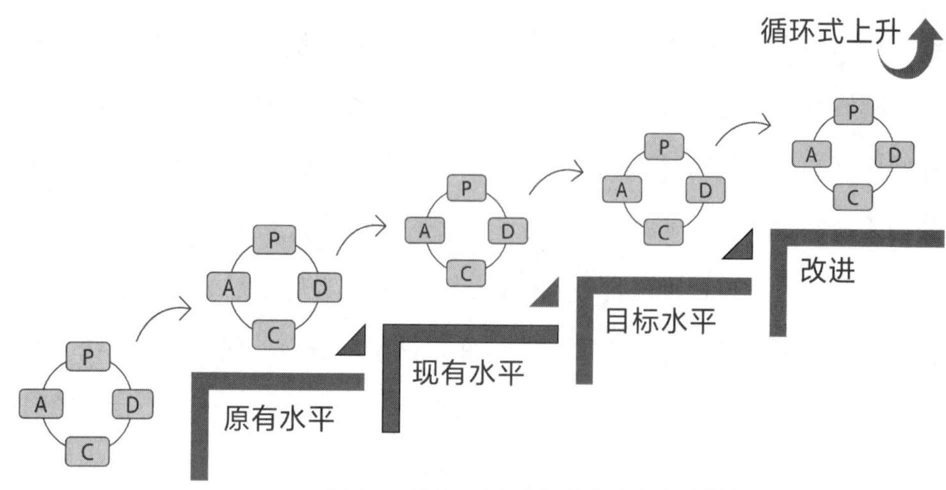

图 1-6 螺旋上升式的 PDCA 循环模型

在正向闭环中，计划阶段需要基于明确的目标对现状进行准确分析；执行阶段需要严格按照计划进行；检查阶段需要客观地评估结果与目标的差距；处理阶段则需要及时总结经验教训并采取有效的改进措施。这样的循环能够不断优化工作流程、提高工作效率和质量，使个人或组织朝着更好的方向发展。

千万不要忽略 PDCA 循环中的任何一个步骤。因为一个步骤失误会导致接下来的步骤都失误，进而导致循环无法顺利进行，甚至出现倒退的情况。例如，计划制订不合理，缺乏对目标的清晰理解和对现状的准确把握，导致执行过程中出现偏差；执行不严格，随意更改计划，导致工作无法按时完成；检查不及时或不客观，无法发现问题或对问题视而不见；处理不恰当，没有总结经验教训或采取无效的改进措施。这些问题都会导致循环陷入困境，无法实现预期的效果。

以新产品推广项目为例。

在计划阶段时，团队成员需要深入了解产品特点、目标客户群和市场竞争状况，然后根据公司目标与可用资源，制订详细的推广计划。进入执行阶段时，团队成员需要按照计划推进工作，彼此保持密切沟通，确保每个人都明确职责和任务。在检查阶段时，团队需要定期对照计划检查效果，通过数据分析评估推广活动是否达标，同时收集客户反馈和意见。至于处理阶段时，需观察相关效果。若推广效果好，超过预期则总结成功经验，为后续提供参考；若推广效果不佳，就要分析失败原因，是渠道选择错误，还是活动内容不好，然后采取改进措施，调整策略，重新制订计划，进入下一轮 PDCA 循环。

综上所述，正向闭环比单个 PDCA 循环上升了一个层次，它能够让我们在实践中不断地积累经验，持续改进，从而实现更高的目标。

数据思维

让数据说话

领导力——无数据不决策

1. 数据决策往往比经验决策更有效。
2. 做没有数据支撑的决策，就像打一场没有准备的仗。
3. 从制造时代到创造时代的转变，数据比石油更珍贵。
4. 敢于决策是因为数据不会骗人。

数据思维指的是依据数据进行思考的思维模式，它是一种量化的思维模式，也是一种注重事实、追求真理的思维模式。在大数据时代，数据思维甚至被视作未来“企业管理的首要思维”。在企业中，它更多地体现为数据化管理思维，也就是凭借数据去察觉问题、剖析问题、处理问题以及对问题的解决情况进行追踪的管理思维。

这种凭借数据去管理经营的方式，在电商行业被应用得十分广泛且深入。对于商家而言，数据是经营的关键。他们会依据销售数据来确定热门商品，调整库存水平，避免积压或缺货的情况发生。还可以通过分析不同地区的销售数据，有针对性地调整物流配送策略，降低运输成本，提高配送效率。

不久前，我的朋友蔡先生作为产品总监入职了一家电商美妆公司。他入职后发现这家公司对数据并不十分重视，许多决策都是基于经验或主观判断。为此，他花了不少工夫建立起一套全面的数据收集系统，让技术部门整合了各个电商平台店铺的销售数据，包括不同美妆产品的销售额、销售量还有退货率等，还收集了客户的年龄、性别、地域以及购买偏好等信息。起初，各部门都十分不理解。但随着数据系统成功收集并累积一定数据后，这些数据的作用开始显现出来。在新品开发的时候，研发部门终于可以从数据出发，依据市场需求数据和客户反馈来做决定。有一次，数据显示消费者对带有防晒功能的气垫霜存在较大需求，于是研发部门立即响应，及时推出了相关产品。宣传和营销部门也持续跟进推广活动的数据，及时调整投放策略，结果打了一场漂亮的胜仗。

除了服务于经营决策，这些数据还为各部门每个季度的关键绩效指标（KPI）提供了有理有据的指导意见。例如，蔡先生要求销售团队在一个季度内把一款新的粉底液销售额提高 50%。

不仅如此，蔡先生对数据共享也有自己独特的见解，他认为数据共享不是建立一个知识库，简单地把数据放在一起，而是要让不同部门的员工能够理解和运用其他部门的数据。例如，销售部门和研发部门通过共同分析客户对产品的反馈数据，合作开发出更符合市场需求的新产品。

所以，要想让数据“说话”其实很简单。我们可以学习蔡先生的模式将其大致分为三个部分：数据分析、数据共享、数据驱动。其中，数据分析是基础，它帮助我们从海量的数据中筛选出有价值的信息，通过各种统计方法和工具，揭示数据背后的规律和趋势。数据共享是关键的“桥梁”，它可以帮我们打破部门之间的信息壁垒，让不同领域的数据得到流通和融合。而数据驱动是最终的目标，它讲究以数据为引擎推动决策和行动，让我们不再依赖主观臆断和经验主义，而是依据客观的数据来制定战略、优化流程、创新产品和服务。

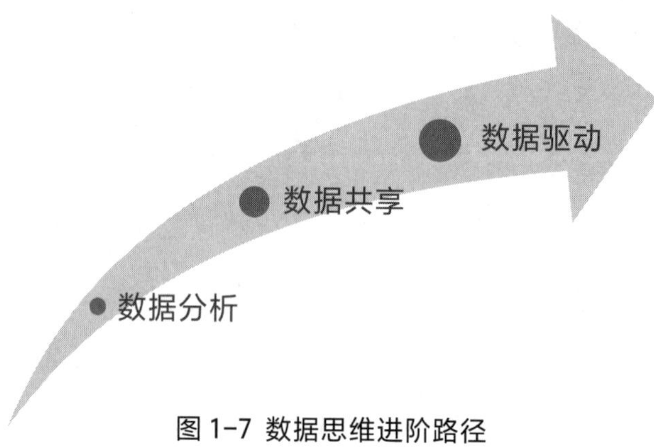

图 1-7 数据思维进阶路径

当我们将这三者有机结合起来，形成一个强大的数据思维体系后，就能在复杂多变的商业环境中洞察先机，作出明智的决策。

数据分析

根据事物的变化形成定性结论，通常有两种途径：其一，通过对数据的对比与分析获取；其二，依据长期积累而成的经验常识进行判断。前者被称为“数据思维”，后者则被称为“经验思维”。

英国哲学家罗素曾讲过这样一个故事：一只火鸡被农场主精心喂养了364 天，它由此得出结论：农场主会一直对它好。但没想到的是，第 365 天是感恩节，它在这一天被农场主宰杀了。这个故事就是著名的“火鸡谬误”。显然这只火鸡在被宰杀前一直被自己过去的经验误导，进而得出主人会一直对它好的错误结论。

数据分析可以在一定程度上帮助我们避免火鸡谬误，但我们仍要保持警惕，因为数据分析不单是对过去数据的简单观察和总结。仅仅依据过去有限的、看似稳定的数据分析，而不考虑潜在的变化因素和不确定性，并不足以支撑我们得出最终结论。

客观的数据分析应当是一个全面、深入且动态的过程，它要求我们不局限于表面上的数字趋势，而是综合考虑多种变量和因素。只有对数据的来源、质量和可靠性进行严谨、客观的评估，才能避免因错误或不完整的数据得出错误的结论。同时，数据分析还需具备前瞻性和预测性。这样的数据分析才是有效的，才能为我们的决策提供可靠的支持，避免陷入类似火鸡谬误的思维陷阱。

数据共享

大数据时代的到来让我们把自己毫无秘密地展现在大数据面前。相关算法会根据人们的喜好推送他们感兴趣的内容。甚至后来人们发现，即使跟好友分享同一条短视频，双方所看到的评论区留言也可能截然不同。

在数据分析领域，这种在获取信息时只关注自己感兴趣或熟悉的领域，进而导致视野狭窄，丧失对事物的全面性分析的现象，被称为“信息茧房”。在企业中，“信息茧房”也同样广泛存在。我在一家科技公司进行企业内训时发现，这家公司的市场营销部门和产品研发部门两个核心部门之间便存在着明显的信息壁垒。

市场营销部门一直专注利用现有产品的优势进行推广。根据过去的销售数据和市场反馈，他们认为消费者主要关注产品的外观设计和基本性能。所以在策划营销活动和制作宣传资料时，他们更偏向于围绕这些方面展开工作。而产品研发部门则埋头于技术研发，致力于提升产品的技术参数和性能指标，他们认为只有技术领先才能赢得市场，所以很少关注市场的实际需求和消费者的反馈。于是问题和矛盾层出不穷——市场营销部门的推广效果不佳，因为产品的一些新功能和改进没有得到有效宣传；产品研发部门研发的产品新特性在市场上反响平平，因为那不是大部分消费者真正在意的功能。

想要打破这个信息茧房，管理者除了需要搭建一个内部的信息共享平台外，还需要建立定期的跨部门活动，让不同部门之间有机会针对业务进行讨论。比如，让市场营销人员参与研发会议，让他们更深入地了解产品的技术特点和研发思路，同时也可以让产品研发人员参与市场营销团队的市场调研和客户访谈总结会，直接倾听消费者的声音。

数据驱动

前面的案例中提到了蔡先生曾要求销售团队在一个季度内把一款新的粉底液销售额提高50%。我们曾围绕目标制定方式展开深入探讨。他告诉我，他分析了自家品牌在其他美妆产品线上的销售表现，发现当他们推出新品时，如果能在上市初期集中资源进行推广，往往能够迅速打开市场，积累良好的口碑和用户基础。而事实也验证了他决策的正确性，这就是数据驱动决策的魅力。在实际操作中，要确保数据驱动决策的准确性和可靠性，可以着重考虑以下几个方面：

（1）确保数据的质量。在收集数据时，要采用可靠的方法和工具，避免数据录入错误或遗漏重要信息。同时，要对数据进行定期清理和验证，去除重复、错误或过时的数据。

（2）选择合适的数据分析方法和工具。不同的问题和数据类型需要不同的分析方法，如统计分析、机器学习算法等。要根据具体情况选择最适合的方法，并确保分析工具的可靠性和有效性。

（3）进行数据的可视化呈现。将复杂的数据以直观清晰的图表形式展示，有助于我们更快速、准确地发现数据中的规律和趋势，减少误判。

（4）不断验证和评估决策的效果。根据实际结果对数据模型和分析方法进行调整和优化，以提高决策的准确性和可靠性。

求渔思维

授之以鱼不如授之以渔

领导力——学因不学果

1. 先从为什么开始，然后再去思考怎么做。
2. 要学习怎么成为巨人，而不是只想站在巨人的肩膀上。
3. 真正聪明的管理者拥有结构性的思维方式，能够透过现象看本质。
4. 管理没有正确的答案，但是有正确的思路。

在管理的过程中，“求渔思维”是一种至关重要的理念，它强调的是教会他人获取知识和技能的方法，而不仅仅是给予他们现成的结果。没有一个人可以靠自己单打独斗成为管理者。一个优秀的管理者应该懂得如何激发团队成员的潜力，培养他们的能力，使他们能够独立解决问题，实现共同的目标。

“授人以鱼，仅供一饭之需；授人以渔，则终身受用无穷。”这句古老的谚语深刻地揭示了“求渔思维”的核心内涵。站在被授予者的角度看，很多人都喜欢直接“抄作业”，也就是一味地求“鱼”，而求渔思维讲究的是分析解决问题的方法论和思维框架，把“渔”学到手。

初入职场时，我犹如一张白纸，对业务的了解尚浅。当时我的上司总是不遗余力地为我创造学习和成长的机会。在与各界精英的交流中，我见识到了不同的思维方式和处事策略，而各类培训更是让我接触到前沿的理念和方法。

我如获至宝地将在这些场合中学到的经验和做法一一照搬回工作中。起初，确实取得了些许小成果，我也为此沾沾自喜，认为自己已经找到了成功的捷径。

然而，随着工作的深入和问题的复杂化，我遇到了一些棘手的问题。有一次，我们团队被指派了一个重要的项目。我按照以往的管理经验让三个部门同时合作，这样既可以推进整个项目的进度，又可以互相帮助推动彼此的工作进度。但是这一次，这种管理方式并没有达到我理想中的效果，反而因为三个部门负责人意见不统一而导致项目进度严重滞后。

就在我一筹莫展之时,我的上司找到我进行了谈话。得到了他的指点后，我才明白这次失误是因为我只是单纯地借鉴了这个管理方法，却不理解其背后的底层逻辑。他告诉我，我借鉴的这种管理模式的底层逻辑是弱矩阵模式，即项目经理作为最终决策人对项目决策负责，入驻项目的三个部门只对各自专业领域服务。而我只知道引入三个专业部门，却忽略了项目中的管理者角色，导致项目执行过程中出现多个管理者。

类似的错误在工作中并不少见。求“鱼”思维的人惯于将学来的管理经验生搬硬套地应用在团队中，还美其名曰引入先进的工作方法。更有甚者，在团队犯了错误之后，不断地指责他人，认为是团队成员不争气。殊不知，这是在拿管理者的错误来惩罚他人。

有了这次经历后，我深刻体会到了求渔思维的重要性。过度关注应用场景容易导致思维的固化，使我们难以从一个具体的案例中找到普遍适用的规律和方法，进而限制了创新能力和解决问题能力的发展。

我们当然可以效仿他人的先进方法手段，但不是生搬硬套。在学习过程中，我们一定要养成深入思考的习惯，重视方法论和理论框架，不断追问事物的本质和原因，学习底层逻辑而非应用场景。关于这点，我们可以利用两个工具：思维导图和石川图。

思维导图

学习任何一门知识或学科，我们都要学会系统化、体系化地学习，建立属于自己的知识架构，这样才能更省力，避免越学越乱。

思维导图正好就是梳理知识架构和思路的好帮手。它可以通过图形来直观地展现思维和信息，全方位、系统化、有条理地描述与分析我们脑海中的思路，帮助我们将知识层层拆解，找到解决问题的关键因素或关键环节，进而让我们尽快有效掌握知识的底层逻辑。

一般来说，我们在使用思维导图时会将主题放置在中心位置，接着通过分支由中心向四周延展，呈现与主题相关的各级要点、细节以及相互之间的关系。

从日常管理工作的角度来说，管理学作为一个古老且持续处于发展中的知识体系，早已拥有众多实用的方法论。例如，单是一个分支团队建设，就包括了团队心理学、组织行为学等多个方面。若再往下细分还能拆分为需求理论、激励理论等许多理论体系。如果不进行体系化分类，就很容易陷入一团乱麻之中。所以在学习管理经验时，我们大可应用思维导图针对不同管理经验进行梳理，分析各个经验之间的关联。就像一棵树，其中基本管理技能如同树干，它支撑着整个管理体系的架构，为后续的分支和细节提供坚实的基础。从坚实的树干上延伸出的分支，或许代表着不同的管理领域，如人力资源管理、项目管理、财务管理等。而每个分支上的细枝末节，则可能是具体的管理策略、技巧和方法。这些细节相互连接、相互影响，共同构成了一个完整且丰富的管理知识体系。

石川图

一种复杂情况的发生，其影响因素势必是多种多样的。如何在众多因素中一击即中地找到最根本原因，并快速解决问题是十分重要的。在面对各种复杂情况时，生搬硬套前人或同行的经验往往很难取得成效，这时候灵活多变的“渔”（解决工具）显然比固定的“鱼”（具体解决办法）更能适应多变的外部环境。

1953 年，日本管理大师石川馨先生曾提出一种用于分析结果与原因的管理学工具，名为石川图。由于形同鱼骨，又称鱼骨图。它主要用于帮助人们透过现象看本质，探寻问题的根本原因。在绘制石川图时，可以遵循以下步骤：

- 明确问题：首先明确本次所要分析的问题，将其写在最右边的“鱼头”上。然后画一条从左到右的带箭头的直线直指鱼头，作为主骨。

- 罗列影响因素：可以先通过头脑风暴的方式，围绕采用 6M（5M1E）的方法从“人、机、料、法、环、测”六个角度广泛收集问题产生的所有可能性因素。

- 归类整理：在主骨上画出大骨分支，并将收集到的可能性因素按相互关联性整理列在大骨上。

- 深入挖掘：围绕各个大骨展开深入探讨和研究，绘制大骨、小骨和孙骨，深入追查“为什么”。其中大骨表示某种“事实”，小骨围绕大骨追查“为什么”，孙骨围绕小骨追查“为什么”。

以前面我曾经遇到的项目阻碍为例，待分析的“鱼头”即为“项目延期”。相关影响因素分别围绕“实施过程”“决策过程”“统筹过程”进行梳理后可形成鱼骨图，如下：

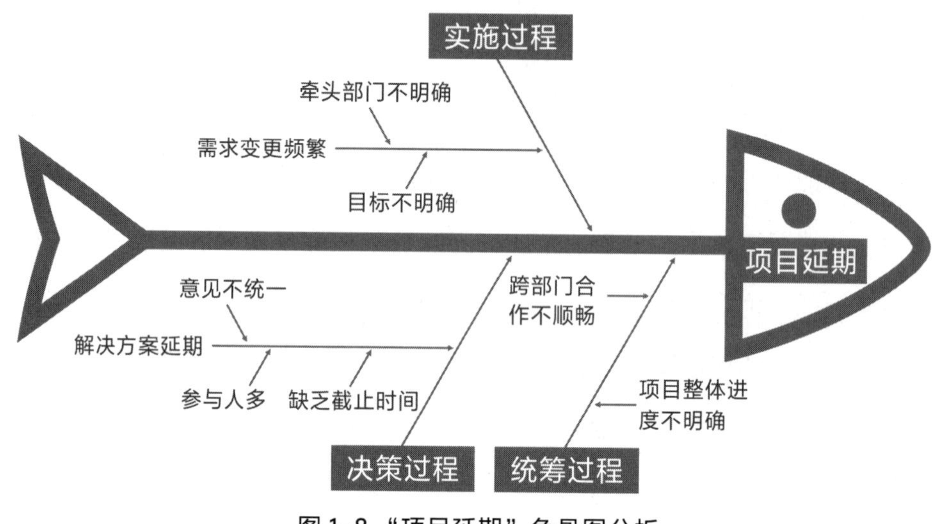

图 1-8 “项目延期”鱼骨图分析

当鱼骨图形成后就不难发现，虽然得到了专业团队的技术支撑，但由于缺乏项目统筹，团队各自为政，以至于出现决策未定、时间不匹配等问题。根源上并不是某个具体专业负责人的问题，而是项目统筹出现了问题。想要从根源解决这个问题，就必须明确项目统筹，确定决策出口（以负责人口径为准），明确项目时间规划。

其实不管是思维导图还是石川图，本质上都是梳理思路的过程。它们都是过程性产物，而非结果性产物。同样的，身为管理者，我们所学习的从来都不是某个结果，而是管理过程中的思维模式，只有这样才能正确用好不同工具。

复盘思维

最好的思维方式

领导力——有效复盘，拒绝无效努力

1. 当管理者不懂得复盘，做事很容易事倍功半。

2. 每一次复盘，都是自我更新的契机。

3. 当管理者不一定要日理万机，但一定要做好复盘。

4. 唯有复盘，才能翻盘。

“复盘”这个词来自棋类术语，就是双方棋手在对局后，往往会复演整个过程，用这种方式来回顾自己在对局时的思维和表现，反思整盘棋的输赢和对手每一步棋的优劣关键，这能有效地帮助棋手提升自己的水平。尤其是对手的水平比自己更高时，通过别人的视角，可以看到自己哪些地方仍有欠缺，这样就能吸取别人的经验，用在自己的比赛中，演化自己的棋路。后来“复盘”这一概念从棋类领域延伸至人生成长，乃至各个行业中。对于一位管理者而言，复盘同样发挥着举足轻重的作用，它将决定你能否成为一位优秀的管理者。

我的前同事小王曾与我分享他的某次面试经历：“当时初试很成功，主管对我的能力也很认可。但是复试的时候，人力资源总监却问了我一个很奇怪的问题：‘你日常如何进行项目管理？’”当时小王觉得这个问题似乎有点太简单了，便毫不犹豫地回答道：“制订计划，分配任务，监督进度。”本以为 offer 志在必得，谁知面试却失败了。回想起人力资源总监听到答案时的微微皱眉，小王认定“坑”一定就在那个奇怪的问题上。

小王的回答有错吗？不，他的回答很正确，但也很模板化，缺乏深度思考。我问他为什么不再展开聊聊，明明他有好几年的项目管理经验，管理过数十个项目，按理应当有许多独特的见解才对。而他给我的回复却是，他竟一时间想不起来还有什么可说的。

其实小王面临着一个大家在日常工作中非常常见的问题——日用而不自知。虽然他是一名项目管理的熟手，但绝不是一名高手，因为他并没有把日常所学所用上升到理论的高度，没有真正深入理解自己的领域。究其原因，就是因为小王缺乏“复盘思维”，他虽然一直从事项目管理工作，但是，由于缺乏总结复盘，所以永远不能形成一种属于自己的方法论。

对于新晋管理者来说，定期对项目或业务进行复盘是必不可少的环节。通过全面回顾项目的目标设定、执行策略、资源配置以及最终成果，能够洞察到决策的合理性、团队的协作效率以及潜在的风险因素。例如，管理者可以通过复盘新产品推广项目的实施情况，发现市场调研是否准确、推广渠道的选择是否得当、销售团队的执行是否到位等方面的问题，并从中总结出宝贵的经验教训。

推而广之，在团队管理中，复盘能够促进团队成员之间的交流与学习。在共同回顾工作的过程中，成员们可以分享各自的经验和看法，发现彼此的优势与不足。这不仅有助于提升团队的整体能力，还能增强团队的凝聚力和协作精神。例如，一次针对销售业绩未达预期的复盘会，可能会让团队成员意识到他们在与客户沟通、掌握产品知识等方面存在不足，从而有针对性地进行培训和改进。

从战略管理层面来说，复盘能够帮助企业审视其长期发展战略的有效性。通过对过去一段时间内企业战略的实施情况进行复盘，管理者可以判断战略方向是否正确，明确是否需要根据市场变化和竞争态势进行调整。例如，当市场需求发生重大转变时，企业可以在复盘后及时调整产品研发和市场拓展策略，以适应新的市场环境。

复盘的形式比较自由，其目的是提升自己、实现迭代和避免犯错，只需把握关键：根据自身行为进行自我剖析、分析原因和推演规律。对于刚开始复盘的人，建议按照完整步骤进行，包括回顾目标、叙述过程、评估结果、分析原因、推演规律和形成文档，待成为习惯后可简化步骤。这里推荐两种比较常用的复盘模型——GRAI 复盘模型和 KISS 模型。

GRAI 复盘模型

如果你像小王一样在自己擅长的领域深耕了多年，并且希望能够更进一步提升自己的专业水平和能力，那么你可以运用 GRAI 复盘模型。GRAI 复盘模型主要包括 4 个关键步骤：Goal（目标回顾）、Result（结果对比）、Analysis（原因分析）以及 Insight（经验总结）。

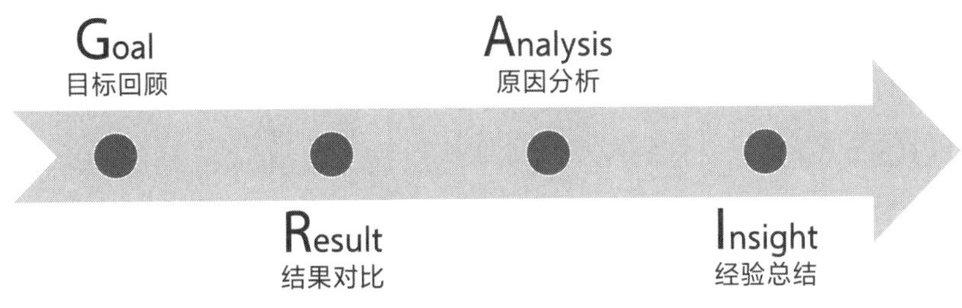

图 1-9 GRAI 复盘模型

首先，回想自己刚进入这个领域时所设定的长期目标，以及每年或每个阶段设定的短期目标，确定这些目标是否是具体的、可衡量的、可达成的、相关的且有时限的。

其次，客观评估自己目前的实际成果。与最初设定的目标相比，哪些已经达成，哪些还存在差距。例如，是否获得了预期的职称、职位晋升，是否在专业领域取得了一定的影响力。

再次，深入分析达成或未达成目标的原因，是自身足够努力才取得成功，还是碰巧赶上外部环境的红利；是自身能力不足才导致失败，还是受到外部环境的干扰；是受所选择的长期策略影响，还是主要受某些关键决策影响。

最后，从总结中吸取经验教训，思考未来如何更好地规划和行动。例如，明确今后需要更加注重团队沟通与协作，或者需要提前规划学习新的专业知识以应对行业变化。

以新产品推广项目为例，我们可以这样做复盘：

- 目标回顾（Goal），设定的目标是在一个月内将新产品的市场占有率提高 10%。
- 结果对比（Result），实际的市场占有率只提高了 5%。
- 原因分析（Analysis），发现是因为宣传渠道选择不当、产品定位不够精准以及部分销售人员对产品特点不熟悉等。
- 经验总结（Insight），得出要提前做好市场调研以精准定位产品、优化宣传渠道、加强销售人员培训等结论。

KISS 模型

与 GRAI 复盘模型强调总结思路的推进过程不同，KISS 模型则更强调总结结果的清晰化表达，它由 Keep（需保持的）、Improve（需改进的）、Start（开始）、Stop（停止）4 个部分组成。KISS 模型通常用于 GRAI 复盘模型的经验总结阶段（Insight），当通过 GRAI 分析得出一堆结论后，可按照 KISS 逻辑进行分类，使总结出来的结论更加清晰明了。

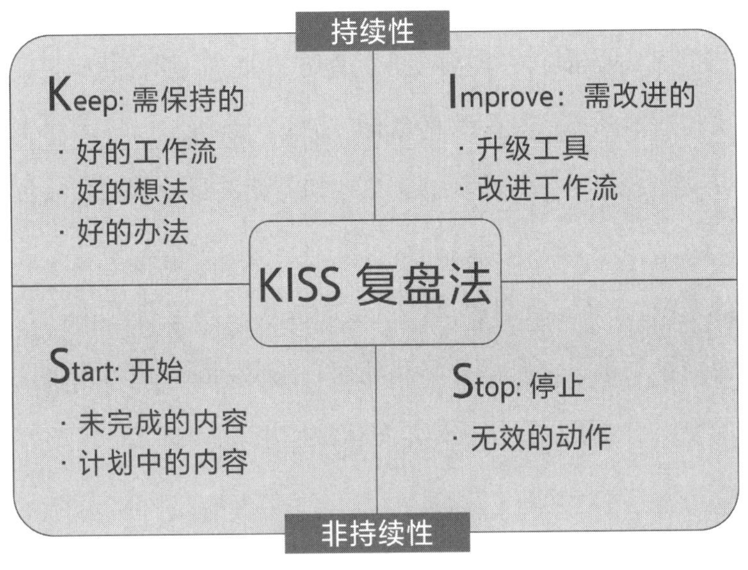

图 1-10 KISS 模型架构

具体来说，KISS 模型要求列出在复盘过程中需要保持的好的方面（Keep）、需要改进的不足之处（Improve）、应该停止的不利行为（Stop）以及需要开始实施的新事项（Start）。

例如，在某个项目复盘中，可以运用 GRAI 复盘模型回顾项目目标、评估实际结果、分析原因并总结经验。如果在总结经验时，发现结论较为繁杂，就可以借助 KISS 模型，将总结的经验分别归类到 Keep、Improve、Stop、Start 这 4 个象限中，如保持有效的沟通方式（Keep）、改进项目进度监控方法（Improve）、停止某些导致效率低下的行为（Stop）、开始引入新的技术工具（Start）等，从而使总结的结论更加清晰，更有利于指导后续的行动规划。

同样是以推广项目为例，基于前文的 GRAI 复盘模型，我们可以继续构建 KISS 模型：

- 保持（Keep）：已经做得好的部分，如产品的包装设计受到了消费者的喜爱。
- 改进（Improve）：需要提升的地方，如进一步优化销售话术。
- 停止（Stop）：一些无效的推广方式。
- 开始（Start）：一些新的尝试，如与相关行业的知名品牌进行联名推广。

总的来说，GRAI 复盘模型注重全面深入的过程剖析，KISS 模型则侧重于对总结结果进行清晰的分类和规划。在实际操作中可以将这两种复盘工具搭配使用，也可以根据具体情况单独使用。

第二章

识人思维

人才洞察思维

好马也需要有伯乐

领导力——知人善任

1. 资历只反映年龄，不等于能力。
2. 当管理者不是要广纳众人，而是要精准识人。
3. 不要相信是金子就会发光，而要刻意学会寻找闪光点。
4. 充分了解员工是洞察人才的前提。

在竞争日益激烈的市场环境中，资源总是有限的，而不同的人才具备不同的技能和优势，管理者只有清晰地了解自己团队成员的能力和潜力，才能将有限的资源分配到最能发挥作用的地方，从而提高整体效率和效益。一个团队或组织的成功，很大程度上取决于其管理者能准确地洞察人才。

在洞察人才这点上，晚清第一名臣曾国藩做得极为出色，其历来被视为知人善任的典范。他善于从细微之处洞察他人的特质，然后精准地判断每个人的优劣长短，并将其安排在合适的位置上，使他们发挥出自己的最大效能。这种知人善任的能力帮助曾国藩凝聚了一大批贤能之士，为后来湘军的崛起和他个人的成就奠定了坚实的基础。

依据史料记载，曾国藩时常与下属谈心，并且这个习惯并非随性为之，而是有一套系统完备的机制。他每次与下属交流时，都会全神贯注，仔细倾听对方的话语，观察对方的神态举止，不放过任何一个细节。等交流结束后，再认真记录详细的谈话内容，分析谈话对象的具体情况。

例如，他在咸丰八年(1858年)九月十七日的日记里面写道："陈玉恒，二坊人，南门城外。(咸丰)三年入王营，廿四岁，长而清，可充戈什哈。"他犹如在沙中淘金一般，通过一次又一次真诚而深入的谈心，从一众士兵中精心地甄别和选拔出可塑之才。

正因有他的慧眼，那些潜藏在普通士兵中的将才和干才才得以崭露头角。湘军中诸多威名赫赫、勇猛无畏的将领，如鲍超、塔齐布等，以及众多才华横溢、能力出众的干才，如彭玉麟、罗泽南等，都是他在一次次看似平常却饱含深意的谈话中挖掘出来的宝藏。经年累月下来，他总结出了一套有效的识人经验流传于后世。

可见不管何时，"善任"的前提是要"识人"。可惜现实生活中，很多管理者并不善于"识人"。因为表象错综复杂，有的人才十分出众，发现起来很容易，但有的人才则不同，他们的才华隐藏在低调的行为下，这就需要一些方法去筛选。在这一方面，我们可以借助专业的测评方法和工具，如行为面试法、九宫格人才盘点等，从多个维度对人才进行全面的分析。

行为面试法

在日常工作中，行为面试法比较常见于招聘过程中，用于选拔合适的人才。它可以通过询问候选人过去的具体行为和经历，来预测其未来在工作中的表现。与传统的面试方法不同，行为面试法是一种比传统面试方法更为有效的招聘策略，它关注的是候选人在过去实际做过的事情，而不仅仅是他们的理论知识或想法。在这一理论框架下，人力资源专家更倾向于认为过去的行为是预测未来行为的最佳指标。但实际上，行为面试法还可以延伸出另一种适用场景，即复盘会议或者工作谈话。管理者、招聘者通过了解考察对象或候选人在过去类似情境中的行动，以便更好地判断其是否具备解决工作中可能遇到的相关问题的能力。

基于这种“询问过去，预测未来”的模式，我们通常可以采用 STAR 法则作为问话框架，来引导候选人更好地回顾过去发生的事情。

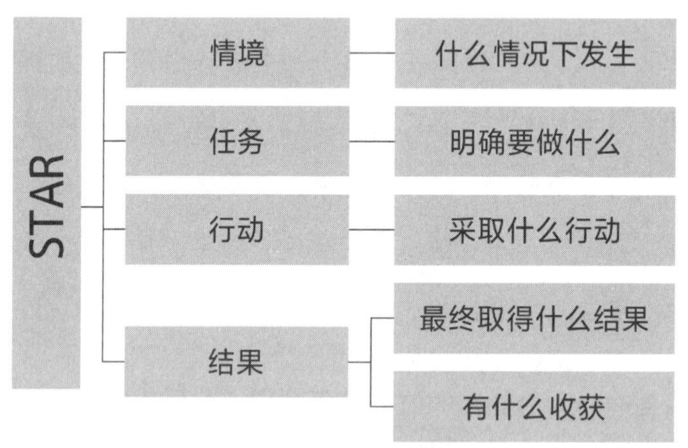

图 2-1 STAR 法则架构

在 STAR 法则中，Situation（情境）、Task（任务）、Action（行动）和 Result（结果）分别对应着不同的提问目标：

- Situation（情境）：了解候选人所处的具体背景和情况。
- Task（任务）：明确候选人在该情境中需要承担的具体任务和目标。
- Action（行动）：重点关注候选人采取了哪些具体的行动和措施来完成任务。
- Result（结果）：聚焦候选人的行动带来的最终结果，包括成果、业绩、收获等。

除了 STAR 法则之外，在运用行为面试法的过程中，管理者也可以尝试利用开放式问题对候选人进行深入了解，例如："当您面对一个紧急且重要的项目任务时，您是如何安排时间和资源来确保任务按时完成的？"聆听候选人的回答时，管理者必须关注其细节、行动和结果，还可以通过进一步追问了解更多信息，例如："在那种情况下，您为什么选择那样做？""最终的结果对团队产生了什么具体的影响？"

九宫格人才盘点

九宫格人才盘点作为人才管理领域广泛应用的关键工具，主要通过两个核心维度对员工进行评估和分类，即工作结果和工作过程。其中工作结果一般会采用绩效作为衡量维度，侧重如实表现员工过往的工作成果；工作过程则着重关注员工工作中体现的未来发展的可能性，包括能力、潜力和价值观等。

常见组合方式如下：

- "绩效—能力"模型：常用于评估员工岗位的胜任能力。
- "绩效—潜力"模型：常用于关键岗位的储备人才选拔。
- "绩效—价值观"模型：常用于筛选中高层人才。

九宫格人才盘点的横纵两个维度均细分为低、中、高三个层级，二者共同构建出一个 3×3 的九宫格。处于九宫格不同位置的员工呈现不同的特质，对应差异化的管理策略：位于九宫格右上角的员工，无疑是企业的"明星"员工，应给予重点培养及充分的晋升机会；位于中间位置的员工，虽然各方面都处于中等水平，但可考虑为其安排更多具有挑战性的工作，帮助其保持积极的工作状态；至于位于左下角的员工，由于各方面表现都不尽如人意，需要管理者先适当采取一定奖励措施或加以培训维持其工作表现，若员工仍停留于左下角，则考虑调岗或采取淘汰策略。

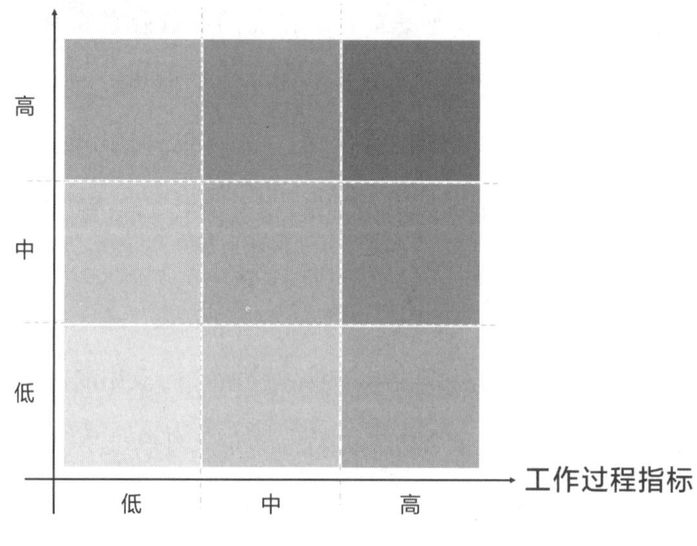

图 2-2 九宫格人才盘点示意图

九宫格人才盘点的突出优势在于能够清晰直观地展现企业内部人才的分布态势，协助管理者精准识别关键人才，为人才的选拔、培养、激励和调配提供科学、可靠的依据，最终实现人力资源的优化配置。

身为管理者要想具有一双善于发现人才的慧眼，拥有识人的意识只是第一步。真正的“沙里淘金”还要求管理者懂得透过表面现象看本质，懂得不同人才的优劣之分，这需要日复一日地留意与练习。

动机识别思维

将欲取之，必先予之

领导力——了解员工的动机

1. 不了解员工的工作动机就很难驱动他们展开高效工作。

2. 懂员工的管理者才能更好地满足员工的期望，让团队更稳定。

3. 只有在事情符合自己的动机时，人们才会有足够的动力去付诸行动。

4. 一个凡事都不考虑别人的管理者只会是员工的噩梦。

动机是驱使一个人行动的内在力量。在职场中，员工的工作动机可能是获得更高的薪酬、晋升机会，也可能是实现个人价值、获得成就感，或者是与他人建立良好的人际关系、获得他人的认可。一个管理者如果只是简单地用人而不探究员工深层的工作动机，就很难充分发挥员工的潜力，甚至可能会导致人才的错用和流失。这样的管理者也就很难构建一个积极、高效且稳定的团队。从这个角度来看，动机识别思维对管理者来说十分重要，甚至堪称优秀管理者所必需的核心技能之一。它要求管理者注意观察、分析和理解员工的表现，以此推断其行为背后的真实意图和渴望，从而更好地理解员工的行为模式和决策过程。

然而，一般来说，一个人的行为由多种动机共同驱动，而且这些动机的强度和优先级会随着时间和情境的变化而改变。例如，一名刚入职的员工的工作动机是获得他人认可，以及期望薪资增长。但在工作了一段时间后，获得他人认可这一动机被弱化，他的驱动力逐渐转变为职业技能的提升和得到个人成长。

一个合格的管理者除了要拥有动机识别思维外，还要意识到员工动机的复杂性和多变性，不能只是依据表面现象和短暂的表现来固化员工发展，要考虑到被动的观察和猜测往往具有局限性和不确定性，容易导致判断失误。这就意味着管理者需要学会主动出击，采取“给予”策略，积极为员工创造条件、提供机会。例如，给予员工一定的自主权，让他们在工作中拥有更多发挥空间，并观察他们是否懂得充分利用自主权来进行创新和突破。又或者给予员工公开表达意见的平台，通过他们的发言了解他们内心的想法。

我曾和一位优秀的HR（人力资源）经理就面试问题展开讨论。他提到，他所就职的每一个大公司都有一个共性，即将“你为什么考虑从上家公司离职”以及“你希望公司为你提供什么”这两个问题列为不可忽略的“必问问题”。设置这两个问题不仅是为了了解候选人的过往经历及其对未来的规划，也是为了“打探”候选人的工作动机。因为工作并非完全的买方市场或卖方市场，换而言之，双方是互相选择的关系，而非单纯的挑选关系，彼此都需要权衡和考量对方能为我提供“什么”。

从短期的视角来看，企业在面试中只有知道候选人需要什么，才能确定如何更好地抛出橄榄枝。例如，对需要平台的人才展示、承诺相应的晋升通道；为看重薪酬的人才提供明确的涨薪机制、奖金体系；等等。

从长期的视角来看，对于企业或组织而言，确定一个候选人通常意味着放弃其他选项。这时候就存在机会成本，这种成本不单纯指候选人的能力水平可能带来的影响，也指候选人的长期稳定性可能带来的影响。相同能力水平下，工作动机不明确的候选人的稳定性显然远低于工作动机明确的候选人。

所以优秀的管理者从来不畏惧与候选人或员工聊“你希望公司为你提供什么”，毕竟身为管理者，也需要知道“我想留住你，需要怎么做”。

当然，单纯依靠沟通往往很难判断员工的真实动机。考虑到动机的复杂性，我们可以从多种角度去解读动机，对应的理论模型也有多种可选。通常我们会考虑使用福格行为模型和双因素理论。

福格行为模型

福格行为模型是一个从动机决定行为的角度切入，再从行为反向分析动机的理论模型。它认为一个行为（Behaviour）的发生，需要同时具备三个要素：动机（Motivation）、能力（Ability）和触发（Prompt），即B＝M＋A＋P。

行为（B）= 动机（M）+ 能力（A）+ 触发（ P ）

图 2-3 福格行为模型公式

其中，动机是指人们采取行动的欲望或意愿。在职场中，动机源于对职业发展的渴望、对成就感的追求、对经济回报的需求等。能力则是指人们完成某个行为的难易程度。如果一项任务过于复杂或超出了个人的能力范围，即使有强烈的动机，行为也很难发生。触发是指能够促使行为发生的提示或信号。它可以是内部的，如自身的想法，也可以是外部的，如工作待办的提醒、截止日期的临近等。根据这个公式，我们可以采取以下步骤对员工进行分析：

（1）观察行为：留意员工在工作中的各种具体行为表现，包括他们完成任务的方式、投入的精力、与同事的互动等。

（2）评估能力：分析员工完成这些行为时所展现的能力水平。例如，他们是能够轻松应对复杂的工作任务，还是显得力不从心。如果员工能够高效且出色地完成任务，可能意味着他们具备相应的能力和一定的信心，也可能反映出他们对工作有较高的内在动机或者对个人成长有追求。

（3）探究触发因素：思考是什么触发了这些行为，是外部的明确指令、奖励机制，还是内部的自我驱动，如对工作的热爱或对职业发展的规划。

（4）推断动机：如果员工在没有明显外部触发（如奖励、惩罚、截止日期等）的情况下，主动且积极地投入工作，可能表明他们有强烈的内在动机，如对工作内容本身的兴趣、对实现个人价值的渴望。

通过将对行为、能力和触发因素的观察和分析综合起来，形成对员工动机的全面理解。同时，还需考虑员工在不同任务和情境中的表现，以便更准确地判断其主导动机。

双因素理论

双因素理论又称“保健—激励理论”，其提出者美国心理学家弗雷德里克·赫茨伯格认为引起人们工作动机的因素主要有两个：保健因素和激励因素。

其中，保健因素是指造成员工不满的因素，包括公司政策、管理方式、工作条件、薪资水平、人际关系、地位等。激励因素则是指能让员工感到满意的因素，包括工作本身带来的成就感、得到认可、工作的挑战性、责任、晋升机会、个人成长等。

例如，在某公司，员工甲近期工作态度消极。经了解，他对频繁加班却无相应补贴满腹怨言（保健因素未满足），同时觉得当前工作枯燥乏味，毫无晋升希望，感受不到价值（激励因素缺失）。由此可判断，他的工作动机低是因为保健因素未满足，且缺乏激励因素的驱动。若在短期内无法改善加班状况，可以尝试从晋升激励方面进行满足。

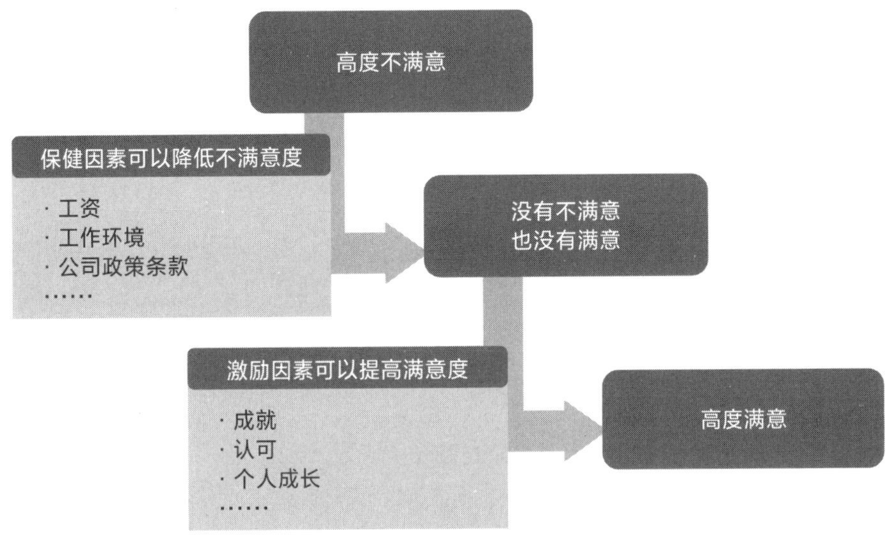

图 2-4 双因素理论

价值观匹配思维

志合者不以山海为远

领导力——让合适的人上车

1. 明确自己的价值观才能吸引志同道合的人。
2. 允许别人不认同你的价值观，时间会告诉你对错。
3. 君子求同存异，管理者抓大放小，把握价值观大方向更重要。
4. 一支坚不可摧的队伍，一定有相同的价值导向。

价值观是个人或群体对事物重要性的判断和评价标准，是人们内心深处坚信的一系列原则、信念和观念，它决定了人们的行为方式、决策模式以及对生活和工作中各种情况的反应。在职场中，不要盲目相信磨合。因为一个人的价值观是在经年累月的成长、教育和生活经历中形成的，很难突然发生转变。管理者应该优先聚焦于筛选出价值观匹配的员工，而不是试图改变他们。

我扎根于心理学行业许久，见惯了行业中的人来人往。这个行业对于从业者来说，除了有心理学专业能力的要求外，还附加许多伦理、道德的要求。但由于其中有许多伦理要求是基于行业公约，并无法律约束，所以服务规范更依赖企业的专业定位与价值观。在这样的大背景下，员工与企业价值观是否匹配便显得越发重要。

以心理咨询为例，伦理规范要求心理咨询需控制频率为一周一次，避免来访者出现短期退行和过度依赖的情况，但并无明确法律规定从业者必须如此操作。而这样的操作势必需要牺牲部分收入，甚至还可能需要拒绝用户提出的随时咨询、高频咨询等要求。这与传统的、以销量和用户要求为先的互联网营销思维存在较大冲突。订单与伦理分立于天平两侧，它架在每个“互联网 ＋ 心理”从业者的心中，影响着他们工作的方方面面。

专业心理咨询师拥有更为专业的心理学背景，通常能理解并坚守该准则。但其他偏向于前端的岗位，如产品经理、销售、程序员、运营人员等，则可能因为缺乏心理学背景而无法理解相关伦理规范。伦理规范与订单数据的左右权衡既体现了专业背景的差异，又体现了价值观的差异。在一个标榜专业心理咨询的企业中，如果前端岗位员工无法认同企业在伦理上的坚持，那么其对外话术、组织策划的活动都可能会使“订单—伦理”天平失衡，最终影响企业对外形象。而如果在一个非专业的心理咨询企业中，专业咨询师势必也会因企业操作不符合伦理规范问题而倍感痛苦。

这种企业与员工价值观不匹配的现象不仅存在于心理学行业，也或多或少存在于其他行业。从企业发展的角度来看，只有员工拥有与组织匹配的价值观，才能确保团队工作方向的一致性。团队价值观得到员工广泛认可，如同航海时拥有精准的罗盘，即使偶有迷茫，也能及时为所有人指明前进方向，使团队成员的努力得以汇聚，形成强大的协同力量。相反，一旦团队成员对工作的目标和核心意义缺乏共识，就如同在茫茫大海中航行的船只失去了导航，即使每个人都拼尽全力，最终也会分道扬镳。在此之前，“低效”“无用功”，甚至“混乱”等局面都可能轮番上演。

从团队协作的角度来看，团队与员工价值观匹配对于增强团队的凝聚力具有关键作用。一种深入人心的价值观能够让员工产生强烈的归属感。此时，大家工作不仅仅是赚取薪酬，更多的是为了共同的理想和信念而拼搏。当遭遇困难和挑战时，这种凝聚力会促使团队成员彼此扶持、共同奋进，而非轻易离散。

从员工自身的角度来看，与企业价值观匹配能够从内在激发员工的工作动力。当个人的价值观与团队的价值观高度契合时，工作就不再是一种无奈的负担，而是成为实现自我价值的途径。员工会更积极主动地投入工作，自发地寻找解决方案，勇于创新和突破，而非消极等待上司指示。

但由于价值观具有潜藏性，所以在人才选拔过程中，管理者需要多维度地考察员工的价值观匹配程度，从而筛选出价值观匹配的员工。实际操作时可以划分为面试和任职两个阶段。

面试阶段——情境判断测验

情境判断测验作为新兴且备受瞩目的人才评估工具，正逐步走入大众视野，成为人才管理领域的重要研究与应用方向。其优势在于能模拟真实的工作环境与状况，准确反映受测者在实际工作中的行为和决策能力。与侧重知识储备和能力检测的测验不同，情境判断测验更注重综合评估受测者的应对能力、价值观、判断力以及适应融合组织文化的能力。这要求管理者对团队的核心价值观有清晰且深刻的理解。因为管理者自身对团队核心价值观的理解是判断候选人是否适配的根本依据。

当面试进行到适当程度时，即对候选人的基本信息、职业能力有所了解，且有录取意向时，管理者应向候选人清晰阐述团队的价值观，使其充分了解团队尊崇的理念和追求的目标，然后通过情境判断测验，设计基于实际工作场景的问题并提供选项给候选人选择，从而推断候选人的价值观和综合能力。

以销售岗位为例，为了能够清晰地反映候选人在客户服务的意识水平等方面的表现，一般可以设置这样的情境：

当客户对产品提出深度质疑并明确表示可能放弃购买意向时，您会采取何种措施?

- 竭尽全力说服客户即刻购买。
- 详尽阐释产品的优势以竭力消除客户疑虑。
- 深度了解客户真实需求并为其推荐更为适配的产品。

再以管理岗位为例，在做情境判断测验时，可以设置这样的情境：

您的团队成员之间发生了激烈的冲突，影响了项目进度，您会怎么做?

- 立即召开会议强制解决冲突。
- 分别与成员沟通，了解情况后再做决策。
- 暂时搁置，等待冲突自然平息。

通常这类情境判断测验的选项和答案不存在明显的对错或优劣之分，因为它的目的在于反映候选人的价值观，而价值观之间只存在是否契合之分，而通常无对错和优劣之分。

众多的研究成果表明，经由情境判断测验筛选出的候选人员，在实际的工作过程中，往往能够展现出更为出色的工作能力以及更强的环境适应能力。其根本原因在于，他们在测验过程中所展现出的应对策略和思维模式，与实际工作的具体需求和团队价值观实现了高度契合。

任职阶段——持续关注

一般来说，企业的价值观作为企业安身立命的根本，相对比较稳定，极少出现太大变动。但员工的价值观很可能在某些特殊节点发生变化。因此时刻关注员工的价值导向是十分必要的。日常工作中，可以通过分级量化的考核模式来衡量员工与企业之间价值观的偏差。这种量化模式将企业价值观抽象为一些关键行为，并为其划分一定等级，按照优先级关系对不同等级赋予不同分值。例如，“用户第一”的价值观可以抽象为：尊重用户，积极维护企业形象；处理用户问题时，不拖拉，不推诿；微笑面对投诉和用户抱怨，工作中积极主动解决用户问题；站在用户角度思考问题，在原则范围内主动提高用户满意度；具有超前服务意识，防患于未然。

在进行价值观考核时，可采取自评与他评相结合的模式进行。二者对比可以获知员工自我要求与组织要求之间的差异，以明确员工的提升方向。当员工价值观与企业价值观明显相左时，被考核者的管理者有责任严肃处理，敦促员工进行改进。当员工在价值观考核中表现优秀时，也应采取相应奖励措施，做到奖惩有度。

不管如何，千万不要小瞧价值观的作用。只有在价值观契合的情况下，员工才能对企业和管理者产生高度认同感，后续工作开展才会更顺畅，乃至达到事半功倍的效果。

人才分类思维

量才适用方能人尽其才

领导力——让合适的人在合适的岗位上

1. 人人都是人才，就看放的地方对不对。
2. 让员工干自己擅长的事，比培养一个不擅长的员工更简单。
3. 一个团队的专业程度取决于团队成员的专业程度。
4. 用错人才等于错过人才。

正所谓“尺有所短，寸有所长”。不管是劳动法规还是社会道德，都要求企业与管理者不轻易放弃任何一位员工。因此管理者必须学会量才适用，根据员工的能力和特点，精准地匹配人才与岗位，将合适的员工安排在最能发挥其优势、规避其劣势的岗位上，让员工在工作中最大限度地展现自己的才能，为团队创造价值，而不是追求完美无缺的人才。相应的，这也就要求管理者必须充分了解员工的长处和短板，同时促进员工实现个人的成长和发展。

在我曾经任职的公司里有一位出色的技术人才。他在技术领域有丰富的经验，曾多次为公司的技术升级做出巨大的贡献。出于“惜才”的考虑，公司高层决定将其提拔为项目总监，希望他能继续为公司发光发热，带领团队创造更大的价值。

然而事与愿违，尽管这位技术人才在技术方面表现卓越，能够解决许多复杂的技术难题，但在晋升管理者之后，他的表现反而格外不如人意。

首先，在项目推进过程中，由于他不善于与团队其他成员进行沟通，导致信息传递不畅，上下游间的协作出现了许多问题。并且，他在资源分配和优先级排序上的处理也不够合理，以致部分关键环节出现资源匮乏的情况，严重影响项目进度。

其次，在项目汇报环节，由于缺乏汇报经验，他所作的汇报更偏向于技术解决层面，并未凸显方案优势。台下的客户听得云里雾里，也不甚感兴趣，于是终止续签程序，转而选择其他听起来更具竞争力的厂商签订下期合作。

类似的案例在企业中比比皆是。其问题并不存在于晋升行为本身，而是存在于晋升过程中。首先，在这个案例中，企业高管并未明确员工晋升意向。技术型人才未必愿意尝试转型成为管理型人才，如果员工本身晋升意愿不强烈，那么从主观能动性的角度来看，本次晋升的效果就已大打折扣。其次，不同类型的岗位所要求具备的能力截然不同。一个优秀的项目总监可能不需要技术能力等硬技能方面格外突出，却必须具备良好的沟通协调能力、团队管理能力、资源分配能力以及应对突发情况的决策能力等软技能。未经培养的突然转型，势必会由于缺乏管理方面的素养和经验而带来一系列问题。可见要想成为一名合格的管理者，一定要具备人才分类思维。例如，对于技术人才，应充分发挥其在技术研发和解决技术问题上的优势；对于管理人才，应着重培养和选拔其在组织协调和团队领导方面的能力。任何项目在启动前，应该根据项目的需求和特点，合理配置不同类型的人才，确保每个岗位都由最适合的人担任，这样才能提高项目的成功率，促进团队的和谐发展。一旦管理者缺乏人才分类思维，就很容易出现盲目临时任命的情况，最终给企业带来不必要的麻烦和损失。

那么管理者应该怎么做呢?

在实际操作中，管理者首先要树立正确的人才观念。许多新晋管理者可能认为人才是指那些具备专业知识、技能和创新能力的人，然而这种观念过于狭隘。我们应该明确认识到：每个人都有其独特的才能和价值。除此之外，管理者还需要一套分类体系来对人才进行分类和取用。诸如，人才盘点四象限、Skill-Will 矩阵以及职业锚理论等均可为管理者提供清晰、结构化的评估标准和分类方式，让管理者克服主观偏见和情感因素，更客观地进行人才分类。

人才盘点四象限

人才盘点四象限通常由两个关键维度构成：绩效表现和潜力评估。其中绩效表现可直观衡量员工在当前工作中的成果与贡献，是对过往工作成效的直接反映。潜力评估则着重于预测员工未来的发展可能性，涵盖学习能力、适应能力、管理能力等多个方面。

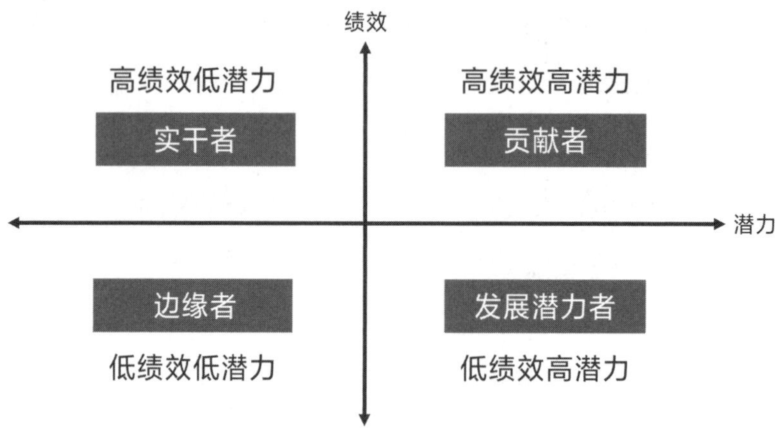

图 2-5 人才盘点四象限

基于这两个维度的高低，人才可被分为 4 类：高绩效高潜力、高绩效低潜力、低绩效高潜力和低绩效低潜力。这 4 类人才又分别称作贡献者、实干者、发展潜力者以及边缘者，他们各自具有鲜明的特点：

（1）贡献者：不仅在当前工作中表现出色，还具备巨大的发展潜力，属于高绩效高潜力人才。对于这类人才，管理者应给予重点培养和发展机会。

（2）实干者：通常能够稳定地完成工作任务，但未来发展空间相对有限，属于高绩效低潜力人才。管理者应充分发挥他们的经验和技能，为团队提供稳定的支持。

（3）发展潜力者：目前的工作表现虽然不尽如人意，但具备较大的成长空间，属于低绩效高潜力人才。管理者需要为他们提供针对性的培训和辅导，调整工作安排，激发其潜力。

（4）边缘者：由于没有高绩效也没有成长的空间，所以一般不处于团队核心。对于这类员工，管理者需要明确工作要求和改进方向。如果经过一段时间的努力仍无明显改善，则考虑调整岗位等措施。

Skill-Will 矩阵

在 Skill-Will 矩阵中，Skill 代表员工的技能水平，Will 代表员工的工作意愿。该矩阵通过对员工的技能水平和工作意愿两个维度进行评估，将员工分为 4 个不同的类别：高技能高意愿、高技能低意愿、低技能高意愿和低技能低意愿。

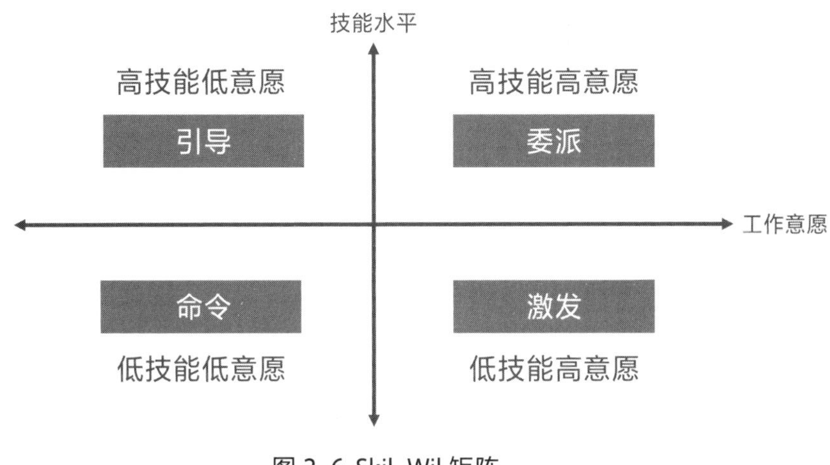

图 2-6 Skil-Wil 矩阵

这 4 类员工的特点如下：

（1）高技能高意愿：这类员工在相关领域具备卓越的能力，并且对工作满怀热情和积极主动，堪称团队的核心骨干力量。管理者应当给予他们充分的信任，赋予他们更多自主决策和行动的权力，使其能够在工作中充分发挥自身优势。

（2）高技能低意愿：这类员工虽拥有出色的技能，但工作动力稍显不足。他们的工作产出可能受到工作环境、职业发展规划等因素的影响。管理者需要与他们展开深入且诚恳的交流沟通，全面了解他们的需求与困惑，为他们量身打造更具吸引力的职业发展路线和工作环境，从而有效激发其工作热情。

（3）低技能高意愿：这类员工虽然当前的技能水平尚不成熟，但是怀揣着强烈的学习欲望和积极向上的工作态度。管理者应当为他们创造更多学习与实践的宝贵机会，还可以考虑安排经验丰富的同事进行有针对性的指导帮助，或安排适当培训，帮助他们迅速提升技能水平，实现快速成长。

（4）低技能低意愿：这类员工在技能和工作积极性方面均表现欠佳。如果管理者经过一段时间的密切观察和悉心辅导后，这类员工依然未见任何改善，管理者就需要考虑对其进行岗位调整，或者依照规定解除劳动合同。

职业锚理论

正如前面的案例以及 Skill-Will 矩阵显示，员工意愿也是量才用人的关键点之一。在了解员工意愿时，管理者可以考虑运用职业锚理论帮助员工进行职业生涯发展规划。所谓职业锚，是指一个人在职业选择的关口最无法更改的底层价值观和最原则性的、无法放弃的重要选择。它反映了个人的职业价值观、职业动机和职业发展目标，是个人在职业发展过程中的自我认知和职业定位的核心。

常见的职业锚类型包括技能型、创业型、稳定型、奉献型、挑战型、独立型、管理型和生活型等。不同类型的职业锚反映了个人在职业发展中不同的需求和追求。

在员工任职期间，管理者要密切观察他们的工作表现和职业倾向，以判断其职业锚类型。例如，那些在技术领域展现出浓厚兴趣和卓越才能，能够主动解决技术难题，但不太善于沟通的员工，可以认为其职业锚类型是技术型。而那些在团队协作中表现出强大的组织和管理能力，能够有效地协调各方资源，推动项目进展的员工，则可以认为其职业锚是管理型。

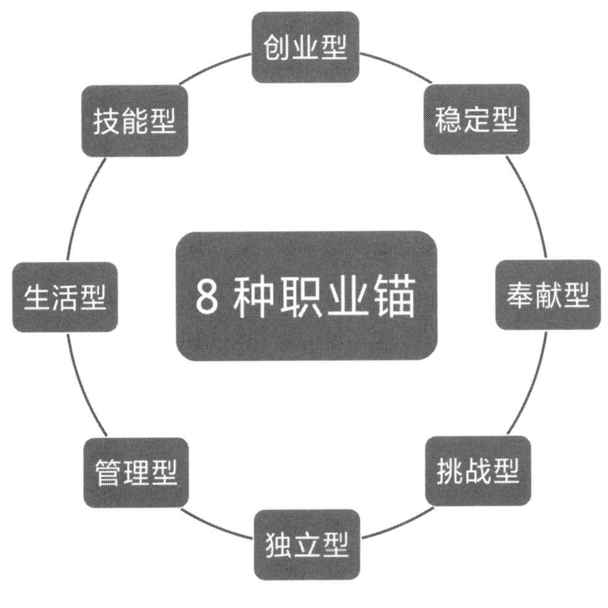

图 2-7 职业锚类型

当然，除了密切观察之外，管理者也可以多与员工进行深入的职业发展规划交流。通过了解员工对自身职业的期望和目标，判断其职业锚是否与企业能够提供的机会和发展路径相契合。如果存在较大偏差，可以提前做出调整，避免后期的人才流失和资源浪费。

总的来说，在用人过程中，只有做到量才用人，才能不浪费职场资源。高才低用是一种浪费，优才劣用是一种耽误，专才别用是没把资源放对地方。管理者必须要做到让正确的人做正确的事情，人事相宜，才能让各级人才发挥出自己最大的效用，人才也会感受到这一点，与管理者达成一种和谐的共鸣。

角色定位思维

明确职责才能合理分工

领导力——减少员工的角色冲突

1. 角色的职责划分不清晰是角色冲突产生的关键原因。
2. 角色不对某一人负责，只对角色事务和角色原则负责。
3. 角色不重叠，团队才高效。
4. 如果三个角色都管到了同一件事情，那么这件事情会变成“三不管”。

角色定位是指对每个成员在组织中所扮演角色的清晰认知和准确界定。不同于人才分类思维，角色定位思维更侧重于明确个体在团队结构中的职责、功能和行为期望，以确保团队协作的高效性和目标的达成。

一般来说，一家公司的大部分员工都具备完成本岗位工作的能力。但是他们通常对自身的角色定位处于无意识状态，即他们不一定清楚自己的工作边界在哪儿。如此一来就很容易出现“多头管理者”和管理混乱的局面。面对这种情况，管理者是否具备角色定位思维就显得尤为重要。一个拥有角色定位思维的管理者能够帮助员工明确自己在团队中的位置和职责，使他们清楚地知道自己应该做什么、不应该做什么、如何做以及为什么要这样做。

我之前认识的一位小型私营企业老板，他在管理企业时极度推崇“人人都是项目经理”的主人翁心态。在他看来，在团队中多多培养拥有这种主人翁心态的人，就如同在沙丁鱼群中放进一条条活跃的鲶鱼，能有效带动团队发展。

于是，他经常以各种名义在企业内部组建虚拟团队，并且从不同职级、岗位中挑选竞争意愿强烈的员工担任虚拟团队项目经理。这些临时项目经理在认领对应项目后可直接向他汇报项目成果。于是，企业内并行着“虚拟团队”“弱矩阵团队”等多种团队合作模式。每个员工可能既对“虚拟团队”的任务负责，又可能对“弱矩阵团队”的任务负责。甚至部分员工既是“弱矩阵团队”成员，又兼任“虚拟团队”负责人。

更混乱的是，由于各“虚拟团队”负责人可直接向老板汇报，因此老板也时常参与各个项目会议。聊到兴起时，他还可能将某些成员提拔为小组长，直接对项目的阶段性成果负责。如此一来，一个项目的大小成果都有了对应负责人，大家各自为营，忙得不可开交，彼此也难免钩心斗角。

可是这种“忙”并无意义，大部分虚拟团队的项目到最后都不了了之，整个公司的氛围也变得极差。同事之间怨声载道，其中怨气最重的莫过于最下游的员工。执行员小钱就曾屡屡抱怨道：“同一件事，A说她是项目经理，她决定即可。B说他需要对阶段性成果负责，他才有决策权，我到底该听谁的？”

这个案例里就有典型的多头管理者。其实在一个团队中，明确的角色定位才是确保高效运作的基础。每个员工都应该清楚自己的职责和能力范围，知道自己在团队中扮演的角色，以及与其他成员的协作关系。如果角色定位不清晰，就会像案例所述一般，人人都有决策权，最终导致项目走向失控。

但问题出现在团队内部吗？或许成员间确实存在沟通问题，但对于项目经理而言，她确实需要把握决策权，否则她难以承担后续可能出现的一应后果；而对于具体成果负责人而言，他也需要把握决策权，否则他也同样难以交出自己的答卷。纵使他们能够进行友好沟通，一旦意见出现分歧，仍旧需要界定一个更高层的最终决策人。所以从根本来说，问题出在了老板身上，他才是导致团队角色定位混乱的根源。

可见只有管理者具备角色定位思维，员工才能够更好地发挥自己的能力，提高工作效率，为公司的发展做出更大的贡献。在这一方面，管理者可以借助以下两大理论展开工作。

角色理论

英国组织行为学家梅雷迪思·贝尔宾博士曾提出一个用于分析团队角色和团队合作的理论，名叫贝尔宾团队角色理论。他认为这个世界上不存在完美的人才，但可以尝试构建一个完美的团队。这个完美的团队应该由9种不同的角色组成，分别是智多星（PL）、外交家（RI）、审议员（ME）、协调者（CO）、鞭策者（SH）、凝聚者（TW）、执行者（IMP）、完成者（CF）和技术师（SP）。

其中每个角色都有其独特的特点和价值，例如，智多星富有创造力和创新精神，能为团队带来新的思路和想法；外交家善于拓展资源和建立关系；审议员具备严谨的思维和批判性评估能力；协调者能够凝聚团队力量，引领团队成员齐心协力朝着共同目标前进；鞭策者充满干劲，勇于推动团队前进；凝聚者擅长营造和谐氛围，促进团队成员之间形成良好关系；执行者注重实际操作，能够高效地执行任务；完成者对细节追求完美，确保工作的高质量完成；技术师则能凭借其深厚的专业知识为团队提供专业支持。

图 2-8 角色理论分类

在运用角色理论对团队成员进行分类时，最重要的莫过于留意角色在工作中所展现的多样性，并且保证每个角色都有其明确的职责范围和工作重点。若团队成员在协作过程中能够清晰地知道自己该做什么、不该做什么，就能避免职责不清导致的混乱和冲突。例如，在一个项目团队中，项目经理负责整体的规划、协调和决策；技术专家专注于解决技术难题，提供专业的技术支持；质量监控人员则紧盯工作质量，确保成果符合标准；等等。

RACI 责任矩阵

在对团队成员进行角色定位前，首先要做好的就是角色分工。明确的责任划分可以避免推诿和职责不清的情况。实际操作过程中，我们可以借用责任矩阵这一工具来进行清晰的角色分工，它将会以直观的方式展示各项任务与相关责任人之间的对应关系。在明确主要负责者的同时，还清晰界定了参与者、审批者和被通知者的角色。例如，在一个项目中，责任矩阵可以清晰地表明某个任务由谁来主导完成，谁需要提供协助，谁有权进行最后的审批，以及哪些人需要了解任务的进展情况。

通常情况下，责任矩阵以表格的形式呈现，横轴表示任务，纵轴表示团队成员，交叉单元格中则标明成员在特定任务中的责任程度，如责任者（Responsible）、最终决策者（Approver）、被咨询者（Consulted）、知情者（Inform）等。

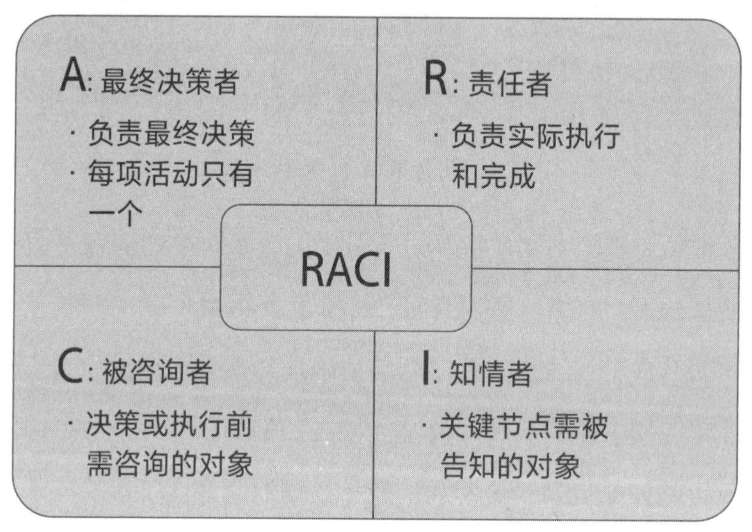

图 2-9 RACI 责任矩阵

以一个公司的日常运营为例，我们可以通过构建 RACI 责任矩阵，将客户沟通、方案策划、业务执行等任务进行明确的责任划分。

1. 客户沟通任务

负责（R）：客户服务团队成员

执行（A）：销售经理

咨询（C）：市场调研人员

告知（I）：其他部门员工

2. 方案策划任务

负责（R）：策划团队成员

执行（A）：策划主管

咨询（C）：相关业务专家

告知（I）：全体员工

3. 业务执行任务

负责（R）：业务执行团队成员

执行（A）：业务经理

咨询（C）：技术顾问

告知（I）：相关协作部门

这样划分后，管理者可以将员工合理地分配到不同的任务中，并明确其在 RACI 责任矩阵中的角色。在实际工作开展过程中，一旦遇到问题，管理者也能够依据 RACI 责任矩阵迅速找到对应的责任人进行协调解决。

不管怎么样，不要试图让所有人参与到全流程的工作中。在纷乱的工序中，如果形成一套顺畅的标准作业程序（SOP），将大大提高工作效率，降低工作成本。例如，流水线工作模式就是一种历经考验的高效生产组织方式。而这一切的基础在于明确的角色定位。

多维度评估思维

看人不能管中窥豹

领导力——提高自己的眼力

1. 要想“看人准”，需要你留心细节、刻意练习。
2. 看人是一种领导力，管理的关键是全方位地了解下属。
3. 人不会只有缺点，也不会只有优点。
4. 别被近因效应蒙蔽，看人既要看他的现在，也要看他的过去。

在人际交往中，我们很容易陷入“管中窥豹”的误区。许多人习惯仅依据片面的信息或短暂的接触就对一个人下定论。作为管理者，在很多事务缠身的情况下，与下属的接触可能不够深入和全面。这就导致管理者在评价下属时，容易仅凭借有限的了解或者某一特定事件做出判断。

《孔子家语》中记载了这样一个故事：孔子和他的弟子在周游列国的时候，曾经被困在陈国和蔡国之间。被困期间，他们有很多天都处于断粮状态。

直到有一天，他们好不容易才讨来了一些米。孔子就安排弟子颜回去旁边一个破败的厨房中起火煮饭，至于其他人则留在大堂等候。过了一会儿，孔子让子贡去厨房查看饭做好了没有，谁知子贡却回来禀告说，颜回正在偷吃米饭。孔子认为“耳听为虚，眼见为实”，便亲自前去查看。结果果真看到颜回正从锅里抓出一把米饭往嘴里送。

当时，孔子并没有立即揭穿颜回，而是等到饭煮好端来后，才故意说：“我刚才梦到祖先了，我要先用这些干净的米饭祭祀祖先。”颜回闻言急忙说：“不行！刚才有灰尘掉进锅里。我便把带有灰尘的那部分抓出来吃掉了，所以这饭不干净，不可用于祭祀祖先。”原来，刚刚煮饭时，颜回曾开盖查看。谁知热浪一掀，本来就破败的厨房“簌簌”掉下了许多灰尘。

孔子听后，感到非常愧疚。他感慨地说：“我们所相信的是自己的眼睛，但是眼睛看到的仍然不可信，要依靠自己的内心去判断，不过内心的判断有时也不够可靠。所以弟子们要记住，了解一个人本来就不是一件容易的事情。”

正如这则故事所说，有时候我们所看到的表面现象未必就是真实的情况。身为管理者一定不能轻易地对某位员工下结论。例如，有的管理者在评估员工时，仅仅依据员工在会议上的表现来判断其能力，却没有考虑到员工在日常工作中的表现，没有看到其对业务的理解以及与团队成员的协作关系。还有的管理者仅根据员工的一次项目成果来定论，忽略了员工在项目过程中所积累的经验、面对困难时展现的坚韧以及不断学习和改进的态度，如此偏颇很容易导致人才流失或错选庸才。正确的评估方式应当是主客观结合，既能从主观角度充分考虑员工的情况，又能从客观环境中了解他的表现，具体可以参考 360 度评估模型。

在此之前，管理者还要先树立一个意识：一个人所表现出来的能力可能不足其实际能力的 30%。这点在美国著名心理学家麦克利兰的冰山胜任力模型中有所提及。

冰山胜任力模型

1973 年，麦克利兰提出了冰山胜任力模型。这个模型将人员个体素质的不同表现划分为表面的“冰山以上部分”和深藏的“冰山以下部分”。

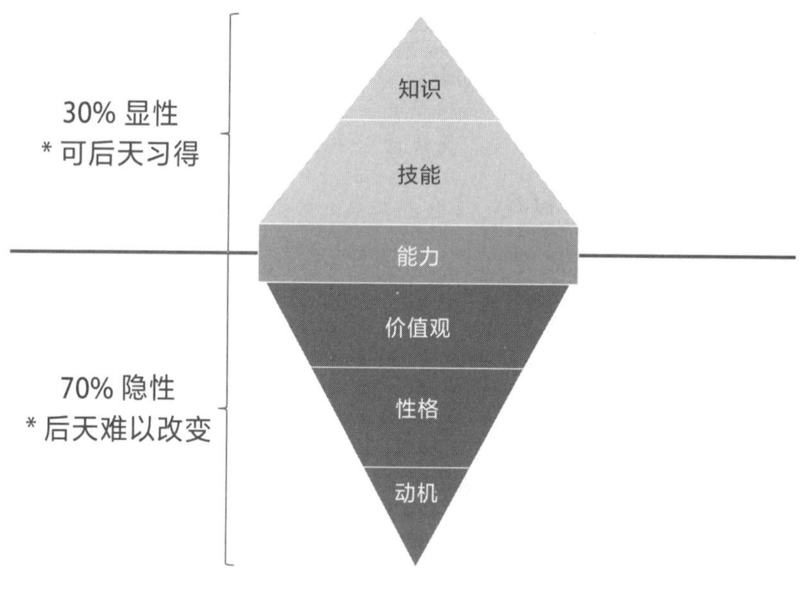

图 2-10 冰山胜任力模型

其中，“冰山以上部分”是显性的，包括知识学历、专业技能以及工作经验等，占个体素质的 30%，这是容易被人们了解与测量的部分。因此，它相对而言也比较容易通过培训进行改变和发展，如通过继续教育、企业培训等方式都能帮助个体提升显性实力。而“冰山以下部分”是隐性的，包括通用能力、价值观、性格和动机等，占个体素质的 70%，这些是人内在的、难以测量的部分，但对人的行为表现起关键作用。

这为我们提供了一个深入且全面理解人才的有力框架，模型中的“冰山以上部分”虽然容易被看见和衡量，但仅仅依据这 30% 的知识和技能来判断一个人的能力和潜力是远远不够的，我们要穿透表面，关注“冰山以下部分”那占比 70% 的隐性素质。因为很多时候，通用能力 (如学习能力和创新能力) 更能反映一个人适应变化和创造价值的潜力。例如，价值观决定了一个人在面对道德和利益抉择时的行为取向，拥有与组织文化相契合的价值观的人才才能促进团队的和谐发展。至于正面的性格特点，如坚韧、乐观等，则会在他面对挫折和压力时发挥关键作用，影响他能否坚持不懈地追求目标。而动机则是驱动个人不断前进的内在动力，如对自我实现的渴望或对社会责任的担当。此外，职业态度也会在一定程度上对个人表现产生影响。很显然那些对工作充满热情、具有强烈责任心和敬业精神的人，往往能够在长期的工作中发挥更大的价值。

所以，不妨深入去挖掘员工的“冰山以下部分”，这将帮助管理者更准确地预测员工在未来工作中的表现和发展潜力。当然，实际操作中要注意避免被表面的言语和短期的表现所迷惑，要通过长期的观察和多方面的考核来准确判断。例如，观察一个人在不同情境下的反应，以及其行为的一致性和稳定性。

360 度评估模型

当员工向上司汇报工作时，势必都是竭尽全力将自己好的一面展示出来。但人无完人，仅从这一方面未必能完全洞悉一个人的优劣势。那么，一个人不好的一面很可能展示给谁呢？自然就是身边同事，甚至是客户。所以，要想评估一名员工的优劣势情况，管理者需要通过汇集来自上司、下属、同事乃至外部客户等多个层面的反馈信息，然后对被评估者在工作表现、领导能力、沟通技巧等诸多方面进行综合性评价。这种全方位评估模式被称为360度评估模型。该模型有三个优点：

（1）拥有全面且客观的审视角度。可以从多维度的反馈中弥补视角偏漏，助力管理者更为清晰地了解员工情况。

（2）有利于发掘潜在的观察角度。来自不同的评价者的不同声音，或许可以让管理者发现一些自己未曾察觉的观察角度。

（3）强化团队的监督机制。团队成员均参与到对合作伙伴的评估之中，能够从侧面形成一定的监督机制。

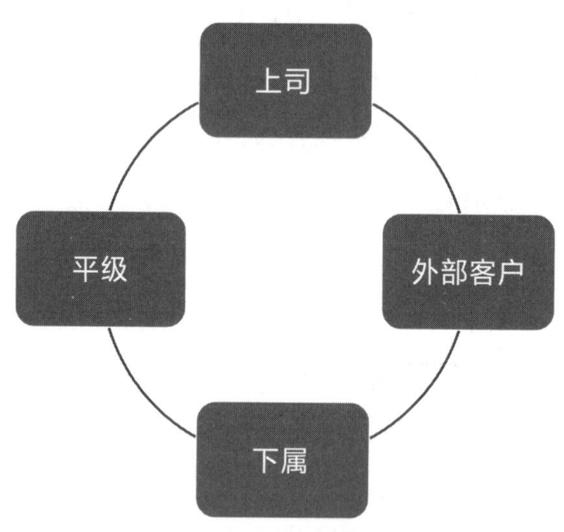

图2-11 360度评估模型

实际评估时，我们可以结合该模型提供的分析角度，通过谈话或者问卷的形式对上司、下属、同级以及外部客户进行信息收集。

某管理者想要提拔研发部门的经理小李。于是他针对小李展开了360度评估。在谈话中，他收集到了以下评价：

- 自己上司的评价（来自他的评价）：小李在项目管理方面表现出色，能够按时交付重要项目，但在跨部门合作的协调上有时不够积极主动，导致一些项目的推进受到一定阻碍。

- 下属的评价：李经理专业知识扎实，在技术难题上能给予有效的指导。但在分配任务时，偶尔会出现分配不均的情况，导致部分同事工作压力过大。

- 同级的评价：与小李合作时，感觉他在沟通中有时过于注重技术细节，对业务需求的理解不够全面，影响了合作效率。

- 外部客户的评价：在与小李及其团队对接需求时，响应速度较慢，对客户的反馈处理不够及时，影响了客户满意度。

综合来自不同方向的评价后，他显然能够清晰地看到小李在领导能力、沟通协作、客户服务等方面的优势和不足，更有利于他做出是否提拔的决策，同时也帮助他明确了小李存在的可提升的方向。

其实，不管是360度评估模型还是冰山胜任力模型，实质上都要求管理者挖掘员工更深层的特质，避免以“貌”取人，这样才能做出更准确、更可靠的决策。在实际运用中，管理者可以根据实际情况选择一定参考物搭配使用。

第三章

管理思维

服务思维

为团队服务而不是让团队服务

领导力——支持团队成员就是支持自己

1. 能为团队成员提供服务的管理者才是好的管理者。

2. 作为管理者，不要只是索取，而要学会付出。

3. 有格局的管理者都懂得服务他人的重要性。

4. 做管理者要有“人味”，给团队成员足够的支持。

许多管理者在管理团队的过程中都缺乏主动服务意识，大部分管理者与团队成员的协作模式仍单一地停留在“分配任务—完成任务—听取汇报”的模式上。从短期来说，这种协作模式或许足以支撑项目开展，但长远来看，该单一模式无法长久维持一个团队健康运行。

这是因为基于该单一模式进行团队管理的管理者无论是在决策过程中，还是在工作推进中，都更倾向于以自我为中心展开工作。而忽略团队成员的感受、需求和困难。在该模式下，管理者往往习惯于“被服务”，团队成员则被困于“服务者”的身份中，长此以往，团队内部的信任度、工作效率及管理者权威都会大打折扣。

记得我曾参加过一个管理学培训，在讲解资源分配一节时，讲师的一句话让我铭记至今。她说："一定要记住，上司也是你们的资源。"彼时，我正抱着学习"如何做好管理""如何更好地运用管理学工具"的心态认真听讲，却不想窥见了另一种解决问题的思路：原来管理者本身也是一种解决问题的工具。

于是接下来很长一段时间里，这句话就如一盏明灯，指引我更主动、更积极地向上司汇报以及"伸手"。然而在与越来越多不同风格的管理者打交道后，我发现这句话虽如明灯，却并不能照亮所有道路。还有相当多的管理者并不具备服务思维，在他们的视角里，完成分配任务即完成了他们身为管理者的工作。至于之后的困难或阻碍都应当由执行层自行协调处理和解决，否则就视为能力不足。这给了执行层极大的压力，因为部分问题和难点对于执行层而言，很难快速处理。而这些问题对于管理层而言却很可能只是"开口之劳"。执行层无法向管理层"伸手"，只能自行解决，这无疑是"舍近求远"，自然也容易导致效率低下。同时，还容易带来抱怨和焦虑，导致团队氛围变得消极。

后来当我逐渐转型管理后，我开始有意识地把自己放到"服务者"的位置上，并在团队内反复强调：如果需要资源或其他任何支持，应及时向我"伸手"；如果遇到无法解决的困难，应及时寻求我的帮助；如果遇到重大故障和问题，应及时向我汇报。

这种主动提供服务的态度给了团队成员足够的底气和勇气向我"伸手"，也确实帮助团队高效地解决了许多问题。更重要的是，这种协作模式帮助我们尽早避开了许多潜在风险。例如，曾经我们有一项新合作面临着轻微的延期风险，包括我在内的所有非直接参与者都难以提早预知该风险。而我们的团队成员在预知风险时便及时向我汇报，并申请增派相关资源。就这样，风险被我们扼杀在摇篮中，而这次合作的如期完工也让我们顺利与一位重要合作伙伴达成了长期合作协议。

管理者必须意识到，真正的领导力不在于发号施令，不要像“甩手掌柜”一般坐等丰收，而要去营造一个开放、包容且充满支持的工作环境，只有这样的环境才能够激发团队成员的潜能，促进创新思维，并加速问题的解决。

一般情况下，管理者能为团队成员提供服务的方向有三个，即资源支持、提升通道支持以及培训支持。其中，资源支持是为了帮助团队成员更高效地解决实际问题，提升通道支持是为了从现实和情绪层面激发团队成员的干劲，培训支持则是为了助力团队成员更快成长，三者缺一不可。

资源支持流程化：搭建内部知识库

在精力有限的情况下，管理者的关注点不应聚焦在工作中的各类具体事项上，这会导致管理者很难及时、主动为团队成员提供资源支持，而更依赖于团队成员自行申请。显然，这种依赖并不利于管理者发现团队成员的需求，自然也无法更好地为团队提供支持。

考虑到工作的项目中往往具有一定的互通性，管理者可以在进行团队建设和管理时，做好组织过程中的资产收集，如项目文档、员工访谈、历史记录等，推动团队内部知识库体系搭建，确保团队内的全部成员能够方便地访问和使用该知识库，以便从过往的项目中获得资源和经验支持。不过在搭建知识库时，需严格遵守以下 4 个标准：

（1）命名与描述标准：为确保资产的名称和描述足够清晰、准确，方便团队成员识别，需制定统一的命名和描述规则模板。举个例子，我曾经在进行开发版本管理时，便要求团队成员按照：“业务类型 x.x.x＋ 核心需求名”进行命名。其中，第一个 x 代表颠覆性变更和重构；第二个 x 代表重要迭代；第三个 x 代表每次小迭代。如 App9.0.0—首页重构。这样一来，当看到 9.0.0 时，我们就能第一时间意识到这是 App 版本的一个较大变更，变更大致为首页重构。

（2）分类标准：为了更合理地存储资产，方便团队成员进行检索，需根据资产的性质与用途对资产进行分类。例如，按业务部门进行一级分类，各业务部门内部再按照不同项目组（或项目）进行二级分类。

（3）质量标准：为避免知识库变得形式化，需制定明确的入库质量标准，包括时效性、准确性以及完整性。例如，要求在项目完成后 xx 日内必须提交包含背景、描述、成果、困难和解决方案等内容在内的文档。

（4）元数据标准：为了方便后期的跟踪和管理，需针对资产制定统一的元数据标准，如日期、修订人、修订内容、对应条目等。

日期	修订人	修订内容	对应条目

图 3-1 迭代记录表

提升通道明确化

在企业内部，员工提升通道通常由人力资源部门主管。非人力资源部门的管理者或许无法过多干涉，那么这类管理者需要做的是结合企业提升机制与员工本身诉求，为员工争取他们所应得的权益，同时帮助员工有针对性地进行职业规划。

一般来说，企业内部的职业发展可依据专业与管理划分为两个维度通道。其中专业通道更关注专业技能提升，注重培养专家，即 P 岗（专业序列岗位，主要涉及专业技术）；管理通道则更关注管理技能提升，注重培养管理者，即M岗（管理序列岗位，主要涉及管理工作）。不同员工在面对P岗与M岗时可能有不同的选择，那么在进行培训与绩效考核时，可根据员工的倾向、实际表现与能力水平来进行调整，建立员工定向发展机制。

培训常规化：70—20—10原则

当提到培训时，许多管理者的第一反应是聘请导师开展正式培训，但事实上依赖正式培训的支持模式并不够全面。在员工成长体系中，包括戴尔、谷歌在内的许多大型企业更倾向于遵从70—20—10原则。

70%指的是在实际工作中学习，即让员工通过完成日常工作、参与项目，不断积累经验和技能。对于这一方面，管理者可以考虑在工作绩效考核中为员工适当增加“挑战值”概念与对应奖励，鼓励员工超目标完成任务。

20%指的是向他人学习，即让员工通过与他人协作、向他人请教来获得知识。在这方面，管理者可以考虑适当组织经验分享会，鼓励员工分享自己在日常工作中累积的经验，营造互相学习的氛围。

剩余的10%指的是正式教育和培训。对于一些更专业的知识，可以考虑引入专业人士或导师在企业内部组织线上或线下课程、研讨会等学习活动。

所以，尝试做一名服务型管理者吧！不要再把自己的角色单纯定位成任务的分配者和监督者，要去做团队成员的支持者和引路人，通过提供全面的支持和服务，营造良好的工作环境，促进团队成员的成长和发展，激发团队的潜能和创造力。相信在这种服务型管理下，团队必将不断向前发展，取得更大的成功。

影响力思维

喊破嗓子不如做出样子

领导力——下属信服才是好管理

1. 用力过猛的管理者反而会适得其反。
2. 团队管理的过程要看到人性、理解人性。
3. 强权压制并不能带来更好的管理效果。
4. 做管理者要张弛有度，带团队要松紧协调。

领导力专家、人际关系大师约翰·麦克斯韦尔早在十多年前就提出这样一个理念：所谓领导力其实就是影响力，一个管理者对他人的影响力越强，那么他的管理将越有效。这一理念即使放到现在也同样适用，对管理者实践具有不可估量的价值。

那么，究竟何为影响力？从构成来看，影响力主要由权力性影响力和非权力性影响力构成。然而在当今这个信息洪流奔腾、协作网络日益紧密的时代，随着人们的思想日渐成熟与独立，他们对人或事物愈发保有自己独到的判断和见解，这样一来，权力性影响力的单一作用已捉襟见肘，其效用逐渐淡化。

同样的，单纯依靠职位赋予的权力进行管理显然已难以满足现代组织的需求，如今真正能够带好团队的管理者应当具有超凡魅力和卓越能力，并且懂得更好地运用非权力性影响力这一无形却强大的“武器”。

有一次，我的好友老杨向我诉说了他新官上任后的苦恼。前任主管离职后，他因资历深被提拔为部门主管，本以为在熟悉的环境中升职可以做到如鱼得水，但他很快发现当管理者并没有想象中那么简单，老板对他寄予厚望，升职既是提拔，也是考验；而竞争业务部门的管理者早已对双方交界业务虎视眈眈，如今看他初来乍到，经验不足，便在高层会议上频频发难；而其他兄弟部门的管理者则冷眼旁观，持观望态度。一时间，部门外部局势复杂微妙。

与此同时，部门的内部环境亦不容乐观，他本寄希望于团队成员齐心协力，共谋发展，可有些上了年纪的成员习惯拖延推诿，而有些年轻的成员想法颇多，我行我素，根本不服管。

就这样，他陷入了“内忧外患”的双重困境，每日周旋在下属和平级间，心力交瘁。

“你说，我怎么就无人可用呢？总不能把他们全都裁了吧？”老杨十分惆怅地说道。

实际上，深入剖析之后不难发现，老杨的困境不完全是团队成员不堪所致，他手头的班底都是上一任留下的，纵然有部分成员工作态度确实存在问题，但也不至于所有人都不堪一用。与其说无人可用，不如说老杨当下的影响力还仅限于权力范畴，未能展现他的非权力性影响力，既没有让人感受到他的管理魅力，从实力层面也未能令人信服，自然无法将人手化为己用。

他的这种困境也是许多新晋的、基层上位的管理者常常面临的困境，这类管理者先前只懂得低头干活，而不懂得如何去提升自己的非权力性影响力。面对这种困境，我们可以把约翰·麦克斯韦尔的五层级领导力作为切入点，结合公平理论来增强自己的影响力。

五层级领导力

在约翰·麦克斯韦尔看来，管理者的管理能力并非一成不变，而是动态进步的，于是他将领导力分为职级、认同、业绩、育人与巅峰 5 个层级，以此为管理者进阶指明方向。

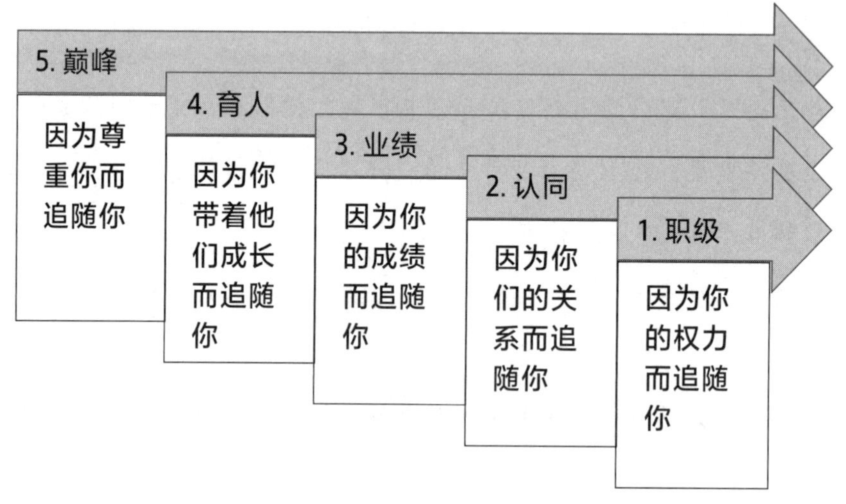

图 3–2 五层级领导力来源示意图

位于第一层级的管理者其实并不算真正意义上的管理者，因为此时他对下属的约束力来自职级本身的强制力，而不是源于自身。基于强制力的管理者带来的后果就是，团队成员只会在职权范围内听从指挥，主观能动性大打折扣。位于这一层级的管理者要想在领导力上有所提升，就应当抛开管理者的头衔，去获得团队成员的认可，培养“以人为本”的管理风格，让自己成为团队成员的“自己人”。

位于第二层级的管理者对下属的约束力除了职级外，还多了一层人际关系，此时团队成员会因为喜欢、相处融洽而自愿追随管理者，这相较于第一层级有了很大进步，但是相应的缺陷就是，一旦管理者止步于此，那么团队也将随之止步不前，久而久之，团队士气将大受打击。位于这一层级的管理者要想在领导力上有所提升，就应当在业绩上下功夫，通过不断完成任务和达成目标来激励士气，提高管理权威和公信力。

位于第三层级的管理者，其领导力主要体现在职级上的“名正言顺”、人际上的“魅力”和业绩上的“成功”。达到了这一层级的管理者带领的团队大多是昂扬积极的，因为大家除了相处融洽外，还能切实看到工作成效。但如果管理者还希望能保持团队稳定，提升团队成员忠诚度，那么就要开始着手培养团队成员，为他们搭建明确的上升通道，给予他们培训和支持。

位于第四层级的管理者的领导力显然更加强大，他的团队也会激发出更强大的潜能。因为从团队成员的角度来看，育人让成员看到成长的希望，可以大幅度提升成员的忠诚度，而从团队的角度来看，人才培育（育人）确保了团队的可持续发展。

能够达到第五层级的管理者很少，正如约翰·麦克斯韦尔所述，这一层级代表着领导力的巅峰，位于这一层级的管理者通过价值观来感染和影响其他人，使团队更具凝聚力。要想实现第四层级到第五层级的跃升，要明确一点，管理者的终极目标是培养管理者，而不是让追随者完成任务。当你开始培养新的管理者时，企业和组织实现愿景的潜力将得到爆炸式增长。

公平理论

俗话说“不患寡而患不均”，组织需要根据实际情况不断调整策略和分配资源，如果不能基于公平原则进行分配，就很容易引发内部矛盾和冲突，进而破坏团队协作。

为此，美国心理学家亚当斯提出了公平理论，以期帮助企业管理者分辨员工对分配是否满意，该理论认为员工会将自己的投入（如努力、时间、能力等）产出（如薪资、奖励、认可等）比与他人进行对比，当两者比率相等，员工会感受到公平；反之，他们则会产生不公平感。

$$\text{相对报酬} = \frac{O}{I} = \frac{\text{报酬（薪资、奖金、嘉许、津贴等）}}{\text{贡献（知识、努力、经验、技能等）}}$$

图 3-3 公平理论公式

但不论员工自我评估的投入产出比相较于他人是高还是低，都不是一个很好的现象，因为只要不平衡，都可能导致员工工作效率降低：自认投入产出比较高的员工容易因“占便宜”产生偷懒的心理，进而逐渐懈怠，而自认投入产出比较低的员工则容易因“被占便宜”而产生不满情绪，进而消极怠工。所以，公平理论要求管理者做到以下几点：

（1）建立透明的绩效评估体系：确保员工了解绩效评估的标准和流程，让他们清晰认识到自己的工作表现如何影响回报，这样可以减少员工对评估结果的疑虑和误解，增强公平感。

（2）多样化的激励方式：除了物质奖励，还要根据员工的不同需求和贡献，提供个性化的激励组合，包括但不限于增加精神激励，如表扬、晋升机会、培训发展等。

（3）定期沟通与反馈：坚持与员工保持密切的沟通，了解他们对公平的感受和看法，并及时给予反馈，公开决策的依据，消除员工有关“不公平”的误解。

（4）动态调整薪资和福利：根据市场行情，结合组织绩效与员工个人表现，适时调整薪资和福利水平，保持内部和外部的公平性。

（5）营造公平的文化氛围：从组织高层到基层，都要倡导公平、公正的价值观，对于违反公平原则的行为，应及时纠正和处理。

真正的领导力从来不是体现在职级上，而是体现在管理者对下属，乃至周围人和环境的影响力上，它涵盖了个人魅力、专业知识、沟通能力等多个方面，是值得每一位管理者终身学习的课题。

梯队建设思维

人才断层是隐藏的管理成本

领导力——不要让自己无人可用

1. 企业一旦出现人才断层，就好比铁桶出现了一个洞。
2. 不提前预备人才，迟早陷入被动。
3. 宁可备好候选人等待岗位空缺，也不要空置核心岗位。
4. 团队稳不稳定就看梯队建设牢不牢靠。

一个企业即使再优秀，也不可避免会出现人员变动的情况，这时候如果没有及时补上空缺，就很容易出现人才断层。可惜很多管理者都低估了人员变动带来的影响，他们可能习惯于将人员变动与人才招聘直接画上等号，认为当出现人员变动时，只需要启动招聘流程就能补上空缺，殊不知，招聘、培训、适应本身就隐藏着大量时间成本。

林静所在的公司自成立以来，业务快速增长，但随之而来的是企业人员流失问题，部分岗位员工出于薪资、个人发展以及价值观理念等考量选择离职。

HR 部门多次向身为业务总监的林静提出加强团队梯队建设的建议，但林静并未在意，她认为职场中人员流动很正常，有人离开自然也会有新人补进来。直到这天 HR 总监亲自约林静谈话，严正声明了梯队建设的重要性，指出林静的团队缺乏合理的人才梯队，虽然补充的新员工数量众多，但新员工大多不熟悉业务实际情况，也缺乏系统培训，难以承担团队核心任务。在这种情况下，一旦有关键岗位的人才流失，团队会陷入被动局面。林静这才开始正视团队梯队建设问题，配合 HR 部门加大对新员工的培训和培养力度，同时建立了完善的人才储备和晋升机制。虽然这个过程充满了挑战，但填补了人才断层的空缺。

后来有一天，林静所在团队中一个重要的技术研发项目的核心人员突然离职，好在团队梯队搭建完善，后备人员顺利接过接力棒，不仅平稳完成了交接过渡，还出色地完成了项目，成功为团队规避了延期交付风险。

林静最初的思想代表了相当一部分管理者“随来随走，随走随补”的短视观念，他们都忽略了企业在人才方面的长期需求，尤其随着技术的快速迭代和市场环境的不断变化，企业对高素质、高技能人才的需求日益迫切，而人才断层，特别是关键岗位的人才流失，往往会给企业带来不可估量的损失，不仅会导致项目进度受阻、客户信任度下降，还可能导致企业错失市场机遇，甚至陷入危机。

因此，越来越多的企业喜欢通过内部竞选的方式来填补职位上的空缺。据数据统计，在美国，有超过半数的高管更替来自企业内部，而在美国通用电气公司，该比例甚至高达 85%。事实上，这种方式的确是一种有效的梯队建设策略，可以从一定程度上降低招聘和培训成本，提升企业内部员工士气与忠诚度，促进团队稳定和加强团队协作。

不过，还有相当一部分管理者下意识地认为人才梯队建设是 HR 部门的职责，但团队成员的梯队建设应紧密围绕企业的业务需求开展，才能确保团队的能力与资源能够满足业务发展的需要，所以这一过程应当由用人部门与 HR 部门协同合作。

为有效实施团队梯队建设，管理者可以借鉴以下机制开展。

制订人才发展计划

管理者应配合 HR 定期进行人才盘点（盘点方法及工具可见第二章《识人思维》），挖掘企业及团队内的优秀人才，然后与人才沟通其发展意向，明确其职业发展目标，与其共同判断达成目标所需具备的素质、知识、经验及能力，评估其当前的素质水平，进而形成完整的学习和发展的行动计划。

层层后备机制

为了应对关键岗位出现空缺或其他突发情况，企业及团队应该尽早启用后备计划，即选拔出合适的后备人才，并实施动态管理，确保在突发情况发生后有人可用，并且尽量确保计划能够涵盖中高层关键职位。它的好处在于通过常态化的盘点、选拔、培养以及任命可以促进企业人才涌现，并促使这些人才得到充分开发和任用，以持续满足企业发展需求和激活团队，让现有人才明白自己的可替代性，以此敦促他们保持警惕和持续进步。

一般来说，后备计划可分为六步执行：明确组织战略和核心能力、确认关键岗位清单以及发展路线、设计关键岗位任命标准、选拔关键岗位后备人选、评估后备能力并制订发展计划、人员动态管理。

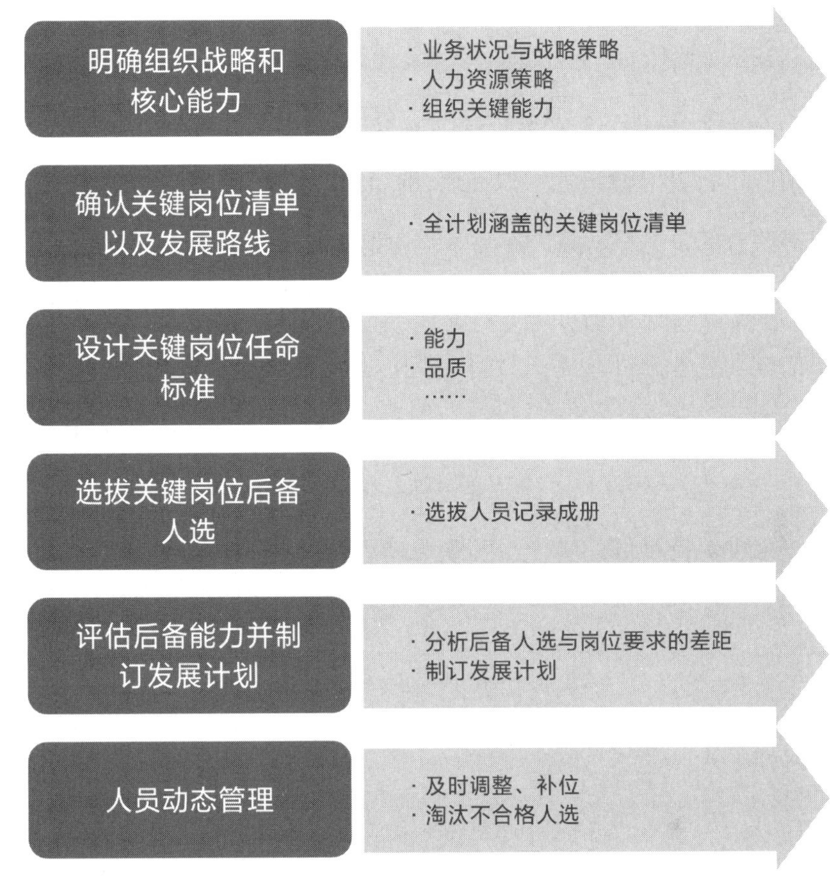

图 3-4 后备计划六步法

搭建人才资源库

一般来说，企业都应搭建三个人才梯队资源库，即关键岗位的人才梯队、管理岗位的人才梯队以及其他岗位的后备人才梯队。

其中，关键岗位的人才梯队指的是维持公司及核心业务正常运营，对公司未来发展有重大影响的岗位，包括但不限于总监、技术、财务等，这些岗位是否稳定将很大程度影响团队及企业稳定，需提前选拔候选继任人进行重点培养；管理岗位的人才梯队指的是各团队、部门、业务的负责人，当这些管理岗位出现空缺时会影响团队的生命力和战斗力，因此企业需提早制订接班人计划；其他岗位的后备人才梯队虽然不及前两者重要，但它相当于蓄水池，主要用于吸纳年轻的、资历较浅的优秀人才，企业可以根据实际情况进行针对性培养，以便后期择优递补进入前两个梯队。

值得注意的是，人才梯队资源库的建设应尽量遵循 1 ：3 的比例选人，即每个岗位预留三个候选人，避免拟继任者过多或过少带来的择优困境。

正如成功企业家所说，人才才是利润最高的商品，能够经营好人才的企业才是最终的赢家。而在经营人才这件事情上，构建起一个结构合理、层次分明、充满活力的人才梯队是基础，只有基础坚实，企业才能在激烈的市场竞争中保持稳健的步伐，实现可持续发展。

放权思维

管得越少，成效越好

领导力——是指挥，而不是亲力亲为

1. 把事情握得太紧，并不会使事情变得更好。

2. 你把事情都做了，团队成员做什么？

3. 不称职的管理者才会跟团队成员争活干。

4. 在具体事务上，你未必能比团队成员做得好。

在现代企业管理中，领导力已超越了传统的决策与指挥范畴，它更多地聚焦于如何有效激发团队的内在潜力，并推动组织的持续繁荣。现今，企业对于管理者的期待已不再是其亲自执行每一项任务，而是看其是否具备卓越的资源整合与放权能力，从而促使团队成员自主高效地完成任务。

记得某次企业内训时，我曾与几位新晋管理者分别进行了一次一对一的深层沟通。其中有一位管理者令我印象深刻，他叫李明，刚从基层晋升成为主管。角色的转变让他面临巨大的压力和挑战。他告诉我，他几乎每天都在加班，试图通过亲力亲为的方式确保项目顺利进行。有一次，他亲自指导设计师完成一个项目，设计师按照他的要求完成了作品，但结果并不理想，客户提出了大量的修改意见。于是他不得不再次插手，重新设计整个方案。从那以后，他更加小心谨慎，几乎对每个细节都亲力亲为，生怕再出现任何差错。

从他的眼神里，我看到了深深的疲惫和无奈。他希望我能给他一个更好的方案，帮助他提高工作效率。然而，问题的根源并不只是效率那么简单。于是我向他提出了两个问题：1. 你的团队主动性如何？ 2. 你知道团队的目标是什么吗？

果不其然，当这两个问题抛出来后，李明沉默良久。接下来他告诉我，他觉得自己似乎把团队成员养“懒”了。团队成员在面对工作时越来越缺乏主动性，甚至很多工作他都能一眼看出敷衍来。于是他也越来越不放心，因此开始陷入一圈又一圈的死循环。

至于目标问题，他说团队的目标是第三季度盈利 xx 千万。但继续往下追问后，很明显能发现问题，即他“尽心尽力”做的每一件事都只能说从事情本身来看效果良好，但放在整体目标中来看效果却微乎其微。单拿完成某一设计作品来说，客户满意，验收通过当然代表着任务成功，但把这项任务放到盈利 xx 千万中就如杯水车薪。

在总结上述两个问题后，我给了他最终一击：所以，你觉得企业晋升你为管理者，是为了让你更好地完成具体任务吗？

同样的问题，我也曾与多名优秀的 HR 交流过。得到的反馈很一致，也很值得深思——HR 表示，企业对管理者的要求绝对不再是希望他们成为一个合格的执行者，换句话说，企业对管理者有比执行者更高的期待。

这非常好理解。一个优秀的企业需要无数个大脑，一个人的精力也是非常有限的，当你聚焦于具体事情的执行上时，你就很难看得长远。就像李明，作为一名能力出众的员工，他做事情用的是一些正确的方式，但所做的事情是否正确就不得不打个问号了。一件事放在眼前来看可能是正确的，但结合公司战略与资源的角度来看就未必了。所以这是管理者与执行者的一个重要区别。

同时，有的管理者会担心争功，而刻意限制下属的发展。但事实上，从 HR 的反馈来看，企业并不认为执行能力强会是一位管理者的优势。管理者与执行者的竞争力根本不在同一个维度上，这也是为什么许多企业的管理者在具体执行层面的成绩未必优异。

当然，仅有上述认知并不足以支撑管理者拥有更好的领导力。在拥有放权思维后，如何做好放权才是更重要的。我们可以简单分为放权前、放权中、放权后三个阶段来实施。

放权前：了解你的团队

在放权前，势必要制订好放权计划。前置条件是你要对团队成员的特质有所认知，这可以帮助你确定你能给什么人放什么权。在这一阶段你可以尝试使用 DISC 行为评估模型来对团队成员做分类，它是一种评估团队成员软实力的工具，主要理论依托于心理学家威廉·莫尔顿·马斯顿的研究，旨在了解个人的行为风格、沟通方式以及工作习惯。

一般来说，DISC 行为评估模型常以问卷或在线测试的形式展开，所有参与测评的人员都将被归类于 4 种不同特质，分别是：果断、自信、有决策力，喜欢掌控局面，注重效率和结果的 D 型（支配型）人；乐观、外向、擅长与人沟通，富有创造力和想象力的 I 型（影响型）人；稳重、温和、有耐心，喜欢按部就班完成任务，注重细节和稳定性的 S 型（稳健型）人；

谨慎、敏感、注重细节，善于分析和解决问题的 C 型（服从型）人。

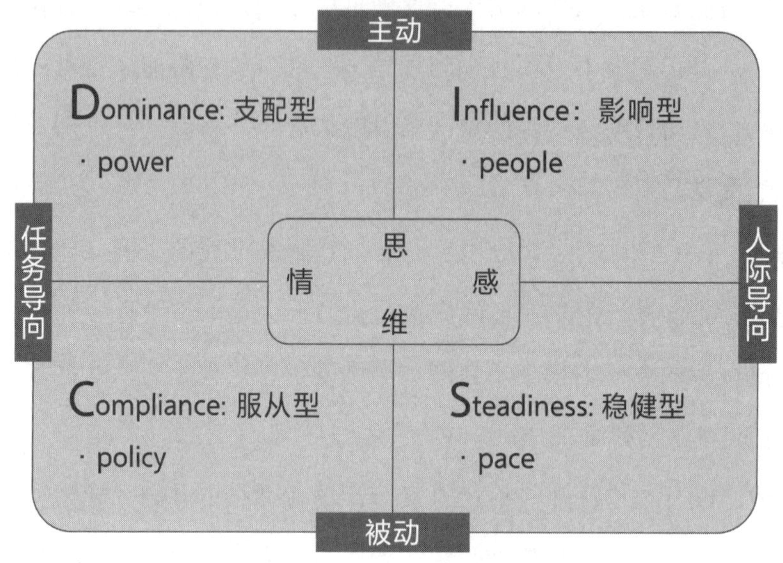

图 3-5 DISC 行为评估模型

不同特质的人没有好坏优劣之分，但很大程度决定他们能够胜任怎样的岗位。从这个角度来看，DISC 行为评估模型可以帮助管理者更好地针对团队成员特点去分配任务、优化团队沟通方法，以此提高工作效率。

放权中：支持做到位

既然已经开始执行放权政策，那么身为管理者在此阶段最重要的事情就是做好“人”的管理，应根据团队成员的需求和实际情况及时提供有针对性的支持。因为当你放权时，就意味着团队成员拥有了更多的自主权，也背负了更多的责任。但有些时候，他们在职权或能力等方面有所欠缺，这些欠缺可能导致他们无法很好地完成既定任务。这个时候，就需要身为管理者的你和企业来提供支持。这种支持可能是专业能力上的，也可能是资源调配上的，具体视情况而定。例如，在专业能力方面的支持可以是提供各类培训机会。

放权后：建立健全监管机制

在顺利放权后，即使团队成员不需要你提供支持，也不意味着你可以完全做个甩手掌柜。事情虽然安排下去了，但是责任和人员管理才是你的主战场。所以一定要建立健全监管机制，定期对放权方案的实施效果进行评估。

这种监管机制的好处有两个方面，一方面是可以及时了解整体目标的完成情况。放权的目的在于更节省精力、更高效地完成既定目标，那么最终目标达成情况才是我们所关注的核心指标；另一方面是可以了解团队成员的满意度和适应程度。做管理的末端其实是管人。人力资源作为团队的核心要素，其满意度和适应程度也会在一定程度上影响目标的达成。

这种监管可以通过举行周会、创建月报等方式，并结合 ORK 或者 KPI 等绩效考核体系来进行。

权力下放是成为合格的管理者的必经之路，它对于管理者节约本身精力、做更长远的规划、推动企业发展有重要意义，同时也对团队成员潜力的激发、团队成员工作效率的提升具有积极作用。合理的放权策略和支持措施可以帮助管理者去构建一个高效、协作和创新的工作环境。

绩效驱动思维

目标牵引 ＋ 激励驱动

领导力——从绩效考核向绩效驱动转变

1. 不进行绩效管理，等于没有管理。
2. 不与收入挂钩的绩效管理都没有效果。
3. 绩效驱动其实是一场管理者和员工的双向奔赴：管理者要业绩，员工要涨薪。
4. 要有给员工定绩效要求的能力。

衡量一位管理者是否合格，最核心也是最基础的一点就是看他能否引导团队成员朝团队共同的目标前进，在这一过程中，管理者至少要能够将团队目标转化为可衡量、可实现的结果。当有了结果性要求后，管理者自然也会对员工的工作效率、成效与贡献等方面提出相应要求，这种要求最终会以综合性评价呈现，即为绩效。

对于员工本人来说，好的绩效管理能够帮助他们发现自己的优势与不足，明确方向，向目标不断前进；而对于团队与管理者来说，好的绩效管理除了可以评估、衡量员工工作成果外，还能确保员工的个人目标与组织的整体战略目标紧密相连，驱动员工为个人的长期发展和组织的长远成功而努力。值得注意的是，这里强调的“好的绩效管理”是以绩效为驱动的思维和管理模式，而非单纯的考核。

事实上，早在20世纪中叶，现代管理学家就已经开始对员工的驱动力进行研究，当时普遍存在着两个完全对立的理论，即X理论和Y理论。X理论强调人性本恶，主张员工都是懒惰且不愿意承担责任的经济人，而Y理论则倾向于人性本善，认为员工都热爱工作，且乐于承担责任。基于X理论和Y理论，当时的管理者在驱动员工时通常会出现两个极端，要么严格管理，用胡萝卜加大棒的方式“威逼利诱”员工为组织作出贡献，要么过于理想化，依赖员工自我管理和控制。

然而人性是复杂多变的，绝非单一的X理论或Y理论可代表，一个人的工作态度和行为动机可能同时受物质激励、工作环境、人际关系等多重因素影响。这也意味着依靠奖惩机制或自由授权的单一驱动模式无法满足管理者的管理诉求，他们需要引入更加合理的绩效管理制度，尝试让工作驱动力最大化，以此提高员工的工作积极性和效率。

高级产品经理陈鑫所在的互联网公司自从发展稳定，且具备一定规模后，就开始引入绩效考核方案，期望以绩效为驱动，促进员工和团队共同进步。但是在引进之初，绩效方案并不完善，如陈鑫的主要考核指标被简化为“付费人数”。为了达到考核目标，陈鑫绞尽脑汁想策略，如增加广告、提升很多低价商品曝光率等，只为尽可能增加用户付费人数。然而这种“为达目的不择手段”的工作策略让一直以专业度自居的陈鑫备受煎熬，因为他深知，无论是高频广告，还是低价策略都是以长远整体利益为代价换取短期效益的。频繁给用户播放广告会造成极差的用户体验，最终必然导致用户流失；而低价商品则抢占了高价商品的宣发空间，分散了用户注意力，最终必然降低用户价值，影响公司整体收入。这样的工作真的有意义吗？陈鑫不由得在心里反问自己。

类似的问题在不断产生，如负责活动运营的同事的主要考核指标被简化为“活动参与人数”，于是她不断地寻找各种机会、节点推出各种活动吸引用户参与，可是这个指标背后代表着什么，能为公司创造什么价值，她却没有精力去深思。

好在后来公司高层管理者及HR都发现了这种粗暴的绩效考核模式的弊端，并陆续做了多次绩效体系改革。例如，自上而下明确公司整体战略目标并体现在员工绩效驱动中，确保员工目标与公司战略目标和利益紧密相连；引入更多评估维度，从只关注结果向既关注结果也关注过程转变；强化激励机制，让员工的成绩更好地体现在收入上……就这样，他们公司终于成功实现了从传统绩效考核向绩效驱动工作的转变，这一转变不仅提升了企业的整体业绩和市场竞争力，推动了企业的持续发展，也激发了员工的积极性和创造力，让他们从工作成果中获得切实好处。

正如案例所示，一旦绩效管理制度不合理，就容易成为员工心理上的负担，使他们对工作产生怀疑甚至抵触情绪。他们也很难将精力集中于优化工作流程、提高业务水平上，从而陷入为了完成不切实际或不合理的指标而疲于奔命的困境。长此以往，团队的凝聚力和创造力会严重受到影响，公司的整体发展必然受到阻碍，人才流失也将成为不可避免的结果。

要改变这种状况，公司管理层应当深入了解业务实际情况，制定科学合理、切实可行且具有激励性的绩效管理制度，具体可以尝试下面两种模式。

KSF（薪酬全绩效模式）

KSF 的全称是 Key Successful Factors，也叫薪酬全绩效模式，它主要通过量化目标，将员工薪酬与企业绩效关联起来的方式，在企业内实现按“贡献”分配，从而将员工与企业绑定为利益共同体。

KSF 中一共包含 4 个关键组成部分：考核指标、平衡点、绩效权重及奖惩机制。实操时一般遵循以下步骤：

（1）明确考核指标。这里的考核指标应当符合岗位的关键价值，直指关键业绩结果，通常包含 5~8 项。

（2）确定平衡点，即考核指标的目标值。通常情况下，最终结果低于目标值则降低绩效薪酬，高于目标值则增加绩效薪酬。

（3）设置绩效权重。这一步其实就是 KSF 与 KPI（关键绩效指标）的最大差异点：传统的 KPI 模式下，员工薪酬与考核强关联，绩效考核会成为员工的负担，很容易引起员工不满。而 KSF 则通过在薪酬中设置绩效权重的方式，调控绩效对员工基础薪资的影响。比如，某员工薪酬为 10000 元，其中有 10% 为绩效工资，当他的绩效考核为 70 分（平衡点 100 分）时，他当月税前薪酬为 10000×90%＋10000×10%×70%＝9700 元。

（4）公开明确的奖惩机制。在设置平衡点的基础上，企业还需明确具体的奖惩规则，譬如，某指标每降低 x% 则扣除 xx 分，封顶 xx 分，或者某指标每提升 x% 则增加 xx 分，封顶 xx 分。

对于那些岗位工作明确，产出业绩结果易量化的岗位来说，KSF 有助于充分挖掘员工的潜力，让员工更有动力为自己工作。

BSC（平衡计分卡）

BSC 的全称是 Balanced Score Card，即平衡计分卡，它强调的是维持企业战略和企业实际经营管理之间的平衡，主张从财务、客户、内部流程、学习成长 4 个维度来衡量企业的经营情况。

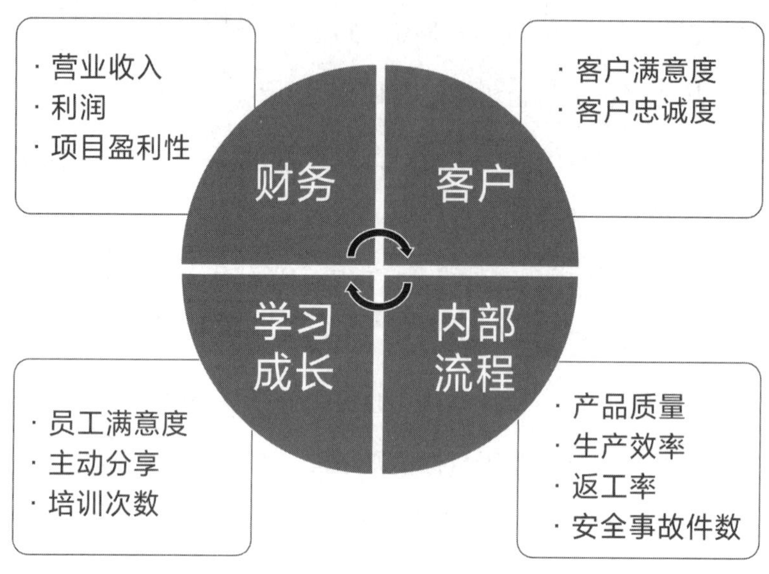

图 3-6 BSC 平衡计分卡

其中，财务维度层级最高，因为它是价值的直接体现，主要以营业收入、利润、项目盈利性等为核心指标；客户维度可能关系企业未来发展，主要以客户满意度、忠诚度等为核心指标；内部流程维度更强调过程管控，主要以产品质量、生产效率、返工率、安全事故件数等为核心指标；至于学习成长维度关注的是企业的可持续稳定发展能力，是前三者的底层能力，主要以员工满意度、主动分享、培训次数等为核心指标。

通常情况下，在设计 BSC 之前，我们应先对企业的战略地图进行分解，具体可分为三步：

（1）明确企业战略的价值目标和客户价值理念；

（2）按照 BSC 的维度划分逻辑将企业的价值目标拆解为 4 个子层级，并在各个子层级中列出对应的各类支持性目标；

（3）梳理最终目标与其他层级目标之间的关系。在完成战略地图的绘制后，将不同层级所需的关键工作作为关键指标，并依据不同部门或团队的定位明确各自不同的考核指标。以财务维度的销售额指标为例，它显然是销售部门而非采购部门的考核指标，采购部门的考核指标应为成本额。

例如，某科技公司的 App 负责人由于不直接影响业务，故而他可以从投放、活跃和业务分流的角度为企业创造贡献。那么他的 BSC 可以设置为：

表 3-1 某 App 负责人季度 BSC 考核表

<table>
<tr><th>序号</th><th>分类</th><th>权重</th><th>目标</th><th>关键指标</th><th>目标值</th></tr>
<tr><td>1</td><td>财务</td><td>40%</td><td>投放项目ROI</td><td>定义：测投项目投放毛利 ROI
衡量：季度总体 ROI</td><td>1.00</td></tr>
<tr><td>2</td><td rowspan="3">客户</td><td>10%</td><td>App 月活</td><td>定义：壹心理 App 月活跃人数
衡量：月度平均值</td><td>1000W</td></tr>
<tr><td>3</td><td>15%</td><td>App 月付费人数</td><td>定义：壹心理 App 月度付费人数
衡量：月度平均值</td><td>100W</td></tr>
<tr><td>4</td><td>5%</td><td>用户满意度</td><td>定义：App 用户 NPS 指数
衡量：月度平均值</td><td>45</td></tr>
<tr><td>5</td><td rowspan="4">内部流程</td><td>5%</td><td>自驱主动</td><td>对于工作能够自驱推进和完成，具备主人翁的意识</td><td>/</td></tr>
<tr><td>6</td><td>5%</td><td>沟通与表达</td><td>拥有良好的沟通和交流能力，能顺畅与同事伙伴进行交流</td><td>/</td></tr>
<tr><td>7</td><td>5%</td><td>需求理解/方案设计</td><td>对用户/业务需求进行分析，输出符合需求和保证体验的产品方案文档</td><td>/</td></tr>
<tr><td>8</td><td>5%</td><td>产品进度/质量把控</td><td>把控功能研发进度，并对功能质量进行把控</td><td>/</td></tr>
<tr><td>9</td><td rowspan="2">学习成长</td><td>5%</td><td rowspan="2">需要提升的能力</td><td>跨团队沟通</td><td>/</td></tr>
<tr><td>10</td><td>5%</td><td>行业趋势理解能力</td><td>/</td></tr>
</table>

常见的绩效管理工具有许多，如 OKR、KSF、BSC、KPI、MBO 等，这些工具本身并没有优劣之分，只有是否匹配企业情况之分，因此，绩效管理最终能否真正驱动企业正向发展，靠的是不断实践和调整，比工具更重要的是以绩效为驱动的思维和决心。

第四章

沟通思维

向上沟通思维

永远不要让你的上司去适应你

领导力——让上司听你说

1. 等着上司安排指令，只会让你越来越被动。

2. 在团队中一味迎合上司，只会让你在下属面前丧失威望。

3. 要敢于积极主动和上司沟通，不要躲着上司走。

4. 敢于在上司面前说真话。

在工作中，向上沟通至关重要。一般情况下，向上沟通可以总结为三类情况：汇报工作、讨论方案和请求帮助。如果能在这三类沟通场景中有好的表现，一般都能实现不错的向上管理。因为在汇报工作时，及时且有效的汇报可以让上司全面了解我们的工作进展以及所遇到的各种问题和挑战；在讨论方案时，专业且清晰的表达有助于我们避免信息差，提高工作效率和质量；在请求帮助时，客观且积极的态度能让上司更快了解你所需要的支持并进行指导，这些支持和指导可能包括资源的调配、技术的支持或者决策的指引。这些对于我们克服困难、解决问题，以及顺利推进工作往往能起到关键性作用。

然而，现实中很多人与上司的关系却显得有些尴尬。大部分人都是被动地接受上司的工作安排。这种做法不仅不利于个人发展，也不利于团队发展。这也是为什么善于向上沟通的人往往能在职场中取得更好的发展。

小张是一名产品运营，他的晋升之路走得又稳又快，可谓羡煞旁人，这很大程度得益于他优秀的向上沟通能力。有一次，主管岗位出现空缺，小张与另一个能力更强的同事都是候选人。他的分管上司斟酌许久，最终还是选定了专业能力略显逊色的小张作为新晋主管。

小张的分管上司认为，自己每次交给小张任务后，都感觉特别放心。因为小张在接到任务时，会尝试用自己的话复述一遍，进行二次确认，避免后期实施过程中出现信息传递偏差。到了实际执行阶段，小张也会设定相应的节点，做到及时、定期反馈。最后不管成效如何，总结汇报都能做得很漂亮，既有失败总结，又有成功经验。这样的一份总结报告足以成为一份有效的组织过程资产。

再反观另一个同事，能力虽强，但总是很难让人放心。因为从接到任务开始，这个同事就开始“销声匿迹式”埋头苦干，而这项任务就仿佛那只被薛定谔装进盒子里的猫——除非完成，否则你永远不知道他是否可以完成，什么时候能够完成。

不管实情如何，至少从分管上司的感受来说，这个同事与小张的行为模式在主观能动性方面存在着极大差异。小张在接到任务时，便开始以主人翁的心态展开工作，而另一个同事更偏向于被动接受，机械式地执行任务，无法充分发挥自己的潜力，自然也无法给上司一份满意的答卷。管理者身为团队的 1 号位，所需要关注的会比下级更宽泛，不可能完全了解每个个体的需求，也不可能事事跟进。所以想要做好向上沟通的核心是自己积极主动汇报，而不是让上司主动过问。

除却不善沟通外，还有相当一部分人对与上司沟通这件事心存恐惧，尤其是新晋管理者。作为“新人”，他们对自己的位置有强烈的不安感，因此格外惧怕与上司沟通，生怕暴露短板。但其实这种害怕的情绪并不可取，要知道，上司本身也是我们在工作中可以充分利用的重要资源，越能勇敢地向上沟通的人才能越好地利用“1号位”资源，为自己的工作进展和职业发展创造更多有利机会。

那么，该如何做好向上沟通呢？

首先，不同上司的风格或多或少存在差异，所以我们要在了解他们偏好的沟通方式的基础上学会适应。比如有些上司更喜欢详细的书面报告，因为这样他们才能在闲暇时进行研究；而有些上司则更倾向于简洁明了的口头汇报，因为他们希望能够快速获取关键信息。只有准确把握上司的沟通喜好，才能更好地与他们进行交流，确保信息的传递准确且高效。

同时，不要期待上司来适应自己，这是一种不切实际的想法，也不要低估上司的能力和经验，要给予他们充分的尊重和信任。上司之所以能够担任管理者职务，必定有其过人之处，他们的决策和意见通常基于更全面的考虑和更丰富的经验。在有疑问和不同见解时，不妨私下里以求教的姿态与上司进行交流，或许你可以得到不一样的视角。

除此之外，溜金字塔理论与PREP法则也是不错的向上沟通模板。

溜金字塔理论

前面提到的汇报工作、讨论方案和请求帮助这三类沟通场景在工作中往往呈现递进式发展。大部分情景可能是：汇报工作—说问题—讨论方案—提想法—请求帮助—要支持。在表达过程中，它们三者的先后顺序尤为重要。如果把“说问题、提想法、要支持”三者按自下而上排列的形式排列，可以得到一个简单向上的沟通金字塔。

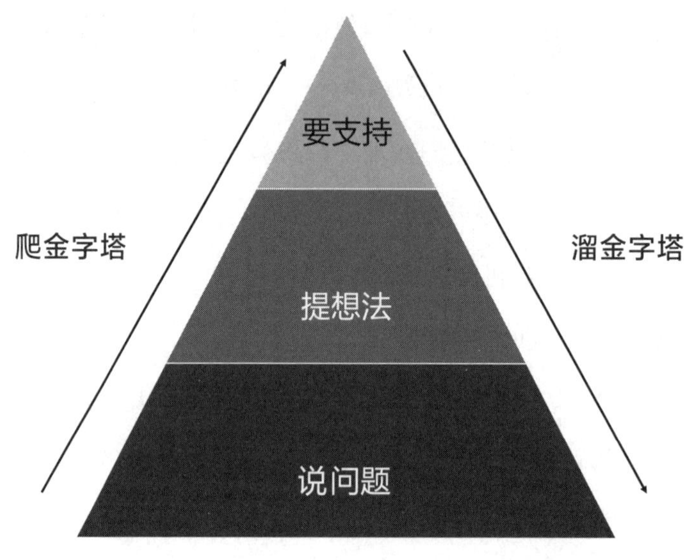

图 4-1 沟通金字塔

许多人习惯于带着自己的上司“爬金字塔”，也就是先跟上司提问题，然后提出自己的想法，最后再向上司要支持。这种“爬金字塔”的方式中规中矩，勉强能够较为清晰地呈现工作情况和需求，但往往存在效率不高的问题。因为在整个过程中，上司需要先带着自己的意志听取汇报。这就注定了他的关注重点并不一定是你最后想要表达的重点。等到听完汇报，发现你需要一定支持时，他可能不得不重新回忆汇报细节，仔细进行思考，最后才能决定是否给予支持。如果只是一些简单的问题自然无伤大雅。但倘若情况复杂，这样“爬金字塔”的模式，必将耗费上司较多的时间和精力。

所以不如试着选择带上司“溜金字塔”。在一些情况较为复杂的事项上，大可在沟通开始就直接向上司要支持、要资源，让上司带着问题继续听你汇报。这种模式在快节奏的工作环境中优势格外明显，因为它能够迅速抓住上司的注意力，使其更快了解你最核心的需求。

例如，当一个紧急的项目需求缺乏相应资源支持时，你可以直接向上司表明自己所需的特定的资源（要支持），甚至可以直接抛出你心目中合理的解决方案（提想法），加速问题解决进程，最后再介绍当前情况（说问题），解释要求和方案的合理性。

其实“溜金字塔”并非盲目地索要支持，它是建立在对问题有清晰把握和具备初步解决方案的基础上，对表达顺序进行调整，优先突出支持的需求，再逐步补充细节。

PREP 法则

PREP 法则是一种结构化的表达方法，由 Point（观点）、Reason（理由）、Example（事例）、Point（重申观点）4 个部分组成，它们的含义分别是：

- Point（观点）：在开头就明确地提出自己的核心观点，让对方能够快速了解你的立场。
- Reason（理由）：紧接着阐述支持这个观点的理由，即解释为什么你持有这样的看法。
- Example（事例）：用具体的实例、数据、案例等证据来加强你的观点，增加说服力。
- Point（重申观点）：在结尾处再次强调你的观点，加深对方的印象。

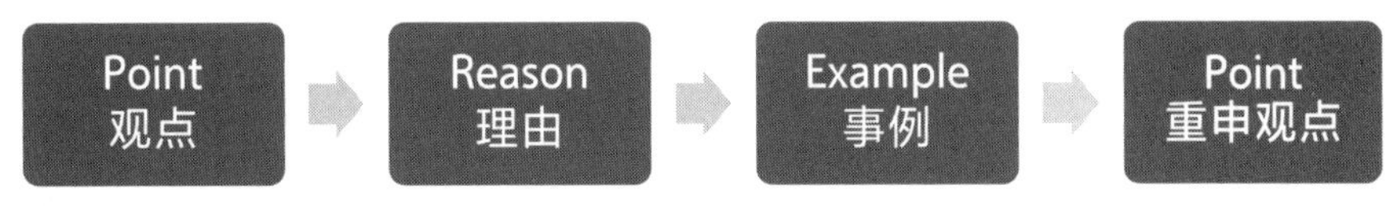

图 4-2 PREP 沟通逻辑

PREP 法则和溜金字塔理论有异曲同工之妙，它们都强调了在沟通初期就明确核心内容。PREP 法则侧重于立场，讲究一开始就提出观点，并且重视说服力的构建，主张通过理由和证据来增强自己观点的可信度，最后通过重复结论向上司强调自己的观点，以获取对方支持。例如，在向上司争取更多资源时，可以这样说：

Point（观点）：“x 总，我觉得我们应该采取 xx 方案。”

Reason（理由）：“因为这个方案有 xxx 好处，可以达到 xxx 效果。”

Example（事例）：“这是因为用户调研显示，我们的用户更需要……并且从数据的角度来看，也能很好地佐证这一点。此外，我也对比了竞品……”

Point（重申观点）：“所以我觉得 xx 方案可能在当前阶段更为合适。”

无论是 PREP 法则还是溜金字塔理论，它们都是为了在向上沟通中提高效率，增强效果，帮助我们更好地传达信息、实现沟通目标。

向下沟通思维

让你的决策执行到位

领导力——“掏心窝”才能让下属死心塌地

1. 用心温暖下属，让他们成为你的左膀右臂。

2. 给下属真正的利益，胜过千言万语。

3. 没有任何一个下属会喜欢管理者许下的空口诺言。

4. 如果你不能给到下属帮助和建议，就不要在事后指责下属。

在组织管理中，很多管理者都只重视向上沟通和对外沟通，因为他们认为，能够理解上司和客户的需求才是最重要的，至于与下属之间的沟通就没有那么重要了。

殊不知，这其实是一种短视且不利于团队健康、长期发展的做法。良好的向下沟通能力实际上也是优秀领导力的一种体现，倘若这点做得不好，就很容易造成一系列负面连锁反应。因为下属作为组织运行的基础力量，其积极性、创造性和执行力都将对工作开展产生举足轻重的影响，如果管理者不注重与下属的沟通，或者与下属之间的沟通重点有问题，就容易打击下属的工作积极性，削弱其创造力和执行力，从而导致自己的决策无法执行到位，最终影响向上沟通和对外沟通的效果。

老陈是一位很有经验的中层管理者，他的下属对他大多持有如“很有亲和力”“不摆架子”“靠谱”等正向的评价，这让其他平级管理者十分惊奇。因为他们中很多人自诩足够关心下属，并且这种关心并不局限于工作，而是覆盖到家庭等方面。但不管他们如何“关怀备至”，也很难换来下属一句“有亲和力”。有时，就算他们想与下属闲聊两句，对方也正襟危坐，犹如大敌来袭。

那么老陈是怎么做到的呢？对此，老陈却笑言：“其实，大部分下属并不奢求管理者有多关心他们的工作和生活，能及时提供帮助，才是真正的关心。”

老陈的说法可谓一针见血。所谓的“关怀备至”对于下属而言不过是“锦上添花”。在其核心的需求没能得到满足时，“添花”并无意义，反而带有浓浓的“虚伪感”。

那么，员工们需要的沟通是怎样的呢？不妨先来看看网络上员工们所吐槽的几个经典案例：

1. 网友小林吐槽：我的上司要求我做一幅“高端大气上档次，低调奢华有内涵”的企业宣传图。这样的需求堪称“三无”产品，既无明确的元素要求，也无明确的风格要求，连最基本的色调要求也没有。但等到任务完成后，他又冒出各种各样的修改意见。这也就罢了，待修改了多版以后，最终采纳的还是第一版作品。

2. 网友小米吐槽：我的上司一时兴起下达了某个任务，说要多尝试新方向。大家虽不理解，但还是加班加点支持创新。当最终效果不尽如人意时，他却反过来指责我们对企业战略规划理解不到位，缺乏目标感，在不合理项目上浪费资源。

3. 网友小可吐槽：我的上司上个季度给我的绩效评级为C。问起原因，他也只是让我多思考，继续努力，这样让我很难不怀疑自己是个“背锅侠”。

上述三个吐槽案例主要反映了上下级之间常见的三种沟通情景：工作任务分配、战略规划传达以及绩效反馈和指导。

其中，工作任务分配与战略规划传达的情景相近，都属于前置型沟通。吐槽案例中的管理者的最大问题就在于下达任务时缺乏有效目标。其实诸如此类前置型沟通情景，其核心点应是围绕有效的目标沟通原则开展，即有明确的衡量指标、范围以及时间点。建议管理者们在此类沟通情景中牢记“沟通漏斗”模型：

沟通漏斗模型

这一模型形象生动地为我们展示了信息“缩水”的理论过程：

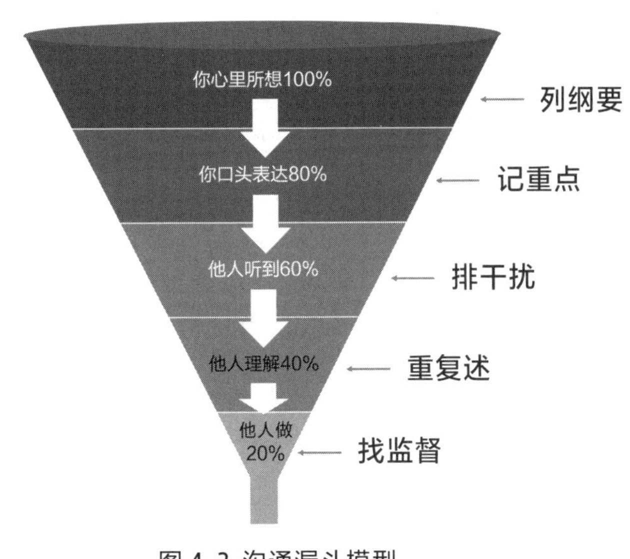

图 4-3 沟通漏斗模型

一个人通常只能说出心中所想的80%，对方听到的最多只有60%，听懂的只有40%，到执行时只剩20%。

放到实际工作中，是指管理者在向下属传达任务或者公司的战略规划时，由于各种原因，例如，管理者自身没能清晰地组织思路，表达不够准确，或者下属在倾听时注意力不集中，存在理解障碍，等等，最终导致信息传递不完全，或者出现失真的现象。

为了避免这种信息“缩水”的情况，管理者可以在不同环节采取相应措施进行干预：

（1）列纲要，记重点。在传达任务或战略规划之前，管理者应当准备充分。先对要传达的内容进行系统梳理，明确重点和关键环节，制定清晰的逻辑框架。例如，在介绍公司的战略规划时，可以先阐述总体目标，然后逐步分解为具体的阶段性目标和实施步骤，使下属能够形成一个完整的认知体系。

（2）排干扰，重复述。鼓励下属在倾听过程中随时提出疑问和想法，并给予解答和回应。这样不仅能够解决下属的困惑，还有助于管理者尽早发现可能存在的理解偏差，及时进行纠正。在沟通结束后，可以让下属简要概括所接收到的任务要点和战略规划的核心内容，以此来检验信息传递的效果，确保下属真正理解本次沟通的要素。

（3）找监督。在传达重要项目任务后，可以安排一位经验丰富的老员工对年轻下属的执行情况进行阶段性检查，及时发现执行过程中的偏差和问题，并进行汇报。这样一来，管理者能够在问题变得严重之前就采取措施进行干预和调整。

至于第三个案例所反映的绩效反馈和指导则属于后置型沟通，它也是向下沟通的必要环节之一。在这一环节中，管理者需要营造开放的沟通氛围，鼓励下属提出问题和想法，及时解答疑惑。必要时，可借助 OELS 模型开展。

OELS 模型

OELS 模型有 4 个关键组成要素，即 Observe（观察）、Explain（阐述）、Listen（倾听）、Suggest（建议）。它们分别代表着：

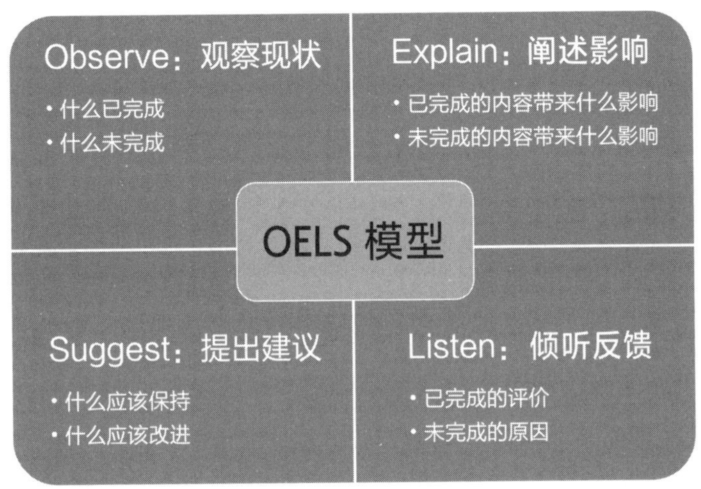

图 4-4 OELS 模型

- Observe（观察）：管理者需要仔细观察下属的工作表现，不仅要关注他们的最终业绩数据，还要留意他们日常工作中的细节。
- Explain（阐述）：在观察的基础上，要清晰地向下属阐述所观察到的情况。注意，不是简单的陈述，也不是主观的评价，或情绪化的指责，而是以客观、准确的方式进行反馈。
- Listen（倾听）：给予下属表达想法、抒发感受，以及解释的机会。倾听既能让下属感受到被尊重，也能让管理者获取更全面的信息，避免产生误解。

- Suggest（建议）：根据观察和交流的结果，为下属提供具有针对性和可行性的建议，帮助下属明确改进的方向和方法。

OELS 模型能够使绩效反馈和指导过程更加科学、有效，有利于促进下属的成长和发展。例如，一位销售经理运用 OELS 模型对一位业绩不佳的销售人员进行辅导。他可以这样做：首先观察该销售人员各方面的表现，最终确定其不足之处，然后向其阐述观察结果。接着，认真倾听销售人员的解释。最终给出有针对性的建议。这样一套流程下来才算得上一次有意义的绩效反馈。

希望各位管理者能牢记，向下沟通也是管理者必备的技能之一。管理者与下属之间从来都不是单向的命令与服从的关系。如果管理者只是一味地发布指令，而不愿意耐心地解释、指导和倾听下属的反馈，那么下属很可能会因为信息的不明确或者理解的偏差而做出错误的决策或行动。久而久之，管理者的威信和策略的执行效果都会相应受到削弱。

平级沟通思维

有时候问题就出在嘴上

领导力——是合作而非树敌

1. 在平级沟通中，别让追责成为一种习惯。

2. 他人有难处，理解不误解。

3. 他人有麻烦，补台不拆台。

4. 出现误会时，要真诚沟通，不要回避。

在大企业中，各个岗位的分工十分明确，自然而然就分化出不同组织和部门。从微观上来看，不同组织和部门承担着不同的职责，服务于不同目标。但从宏观上来看，各个组织和部门都是为实现企业整体目标而努力的。

管理者们应该尽早意识到，仅凭个人的力量很难取得显著的成就，平级同事之间除了竞争关系，还可以有合力共赢的关系。诚然，大家在工作中可能存在一定的竞争，如争取有限的资源、表现机会或职业发展空间等。但从另一方面来讲，各项工作往往相辅相成，只有携手合作，才能提高整个团队的效率和绩效。

这种既有竞争又有合作的关系也注定了平级沟通将是初级管理者所面临的一个极大挑战。因为大家各有立场，自然会优先考虑自己的利益。一旦出现任何问题，最容易出现的就是相互推诿甩锅的情况。

比如在软件行业有这样一个故事：

如果你跟技术部门的人说："你们技术不行，写出的代码有 Bug。"

他们的第一反应一定是："你的操作有问题吧？你确定你会用吗？"

但是如果你委婉地说："这个功能和预期的效果存在一定差异。麻烦看看是不是我的操作方法有问题？"

这时，技术部门的同事就会本能地反思："是不是我开发的软件出了什么 Bug 了？"

这个故事恰好展现了平级沟通中的常见困境：在平级协作的过程中，一旦出现第一类表述，就极易引发对方的防御心理，进而使沟通陷入阻塞。因为这一类表述没有尊重对方的立场和利益，甚至隐隐表现出"追责"的意味，这样就等于直接将对方置于自身的对立面。自然地，对方也会下意识滋生抵触情绪并为自己进行申辩，尝试将问题推回提出者或使用者身上。

相反，第二类表述则委婉得多，它成功地将问题的核心从指责对方转变为共同探寻可能的缘由。此类表述更有益于构建平等且合作的沟通环境，对方也更易于接受，并积极主动地去探寻问题的根源。

这样的道理，小到员工间的沟通，大到组织和部门管理者间的沟通都适用。尤其当平级协作遇到问题时，以管理者身份进行沟通则更应谨慎措辞。因为即便只是客观阐述事实，也很容易因为管理者的身份而将"沟通""协作"变为"追责"，一旦出现"追责"的苗头，就很容易激化矛盾，而这并不利于解决问题。

从理性的角度来看，在问题已经发生后，管理者要学会从“为什么”的视角里抽出身来，以更高维度的“怎么办”的视角去沟通解决问题。因为此时如何解决问题、避免事态蔓延才是更值得关注的焦点，至于“谁担责”“谁的错”等问题都可以容后再进行处理。否则一旦事态蔓延，即使事情的源头与你无关，你也要承担善后不力的责任。对此，不妨尝试使用 FIRE 模型来进行沟通。

FIRE 模型

FIRE 模型由 Facts（客观事实）、Interpretations（解读）、Reactions（反应）和 Ends（结果）4 个部分组成。

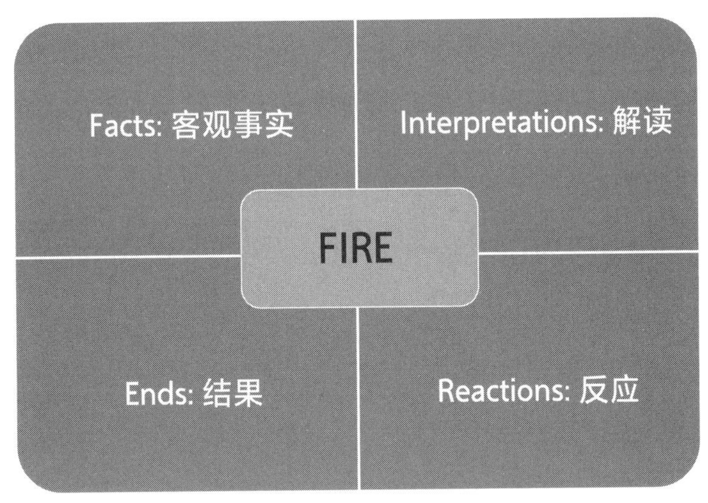

图 4-5 FIRE 模型

Facts（客观事实）是基础。它指的是在与平级同事交流时，应清晰、准确地陈述事实。例如，“在这次项目中，我们的进度比原计划滞后了三天。”我们要确保所陈述的事实客观且无争议，避免模糊或带有个人偏见。

Interpretations（解读）是延伸。在这一环节，你需要对所陈述的事实进行合理的分析和解释。例如，“我认为进度滞后可能是由于我们在某些环节上的分工不够明确，导致部分工作出现了重复或遗漏。”通过解读，帮助双方更好地理解事实背后的原因。

Reactions（反应）是燃料。到了这一步，可以尝试与对方分享自己对这一情况的感受和情绪。例如，“我担心会影响项目的最终交付。”让对方了解你的态度，促进情感上的共鸣。

Ends（结果）是目标。不管前面如何发挥，一定要在最后明确提出希望达成的结果或期望采取的行动。例如，“我建议我们重新梳理一下分工，制定一个详细的进度表，确保能够按时完成项目。”为沟通指明方向，推动问题的解决。

当然，FIRE 模型更适用于一些已经发生或即将发生的负面情况。在日常工作中，打造良好的沟通基础，可以在一定程度上避免负面情况发生后出现沟通不利的局面。为了更好地进行平级沟通，我们可以尝试利用 FFC 赞美法则来为平级沟通奠定基础。

FFC 赞美法则

FFC 赞美法则的理念核心在于：在这个世界上没有任何一个人不喜欢得到赞美。好的赞美能让人更愿意接受建议，也能让人更明显感受到你的关注和善意。

可惜大部分人都没能学会真诚赞美，这些人的赞美通常不一定能起效果，反而让人倍感不适。因为那些生硬的赞美就如同完成任务一样，给人的感受是机械且不真诚的，自然很难深入对方心里。

为了解决这一问题，FFC 赞美法则为不善于赞美他人的人提供了一个良好的表达框架，即利用感受（Feeling）＋ 事实（Fact）＋ 比较（Compare）来进行表达。

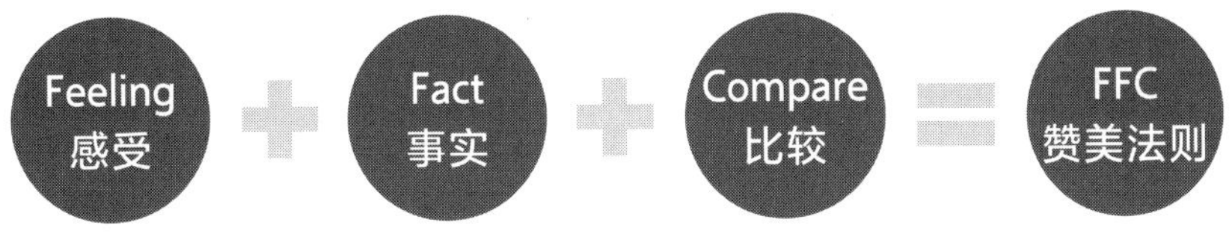

图 4-6 FFC 赞美法则

Feeling（感受）的关键在于直接。当我们想要赞美平级同事时，要真诚地表达自己的感受。例如，“我真的很佩服你！”这种直接的情感表达，能够让对方第一时间感受到你的积极态度。

Fact（事实）聚焦于赞美的落点。我们需要具体指出对方值得称赞的行为或成果。例如，“这次的报告，你做的数据图表清晰明了，关键信息一目了然。”夸赞对方时描述具体的事实可以让你的赞美更具有说服力。

Compare（比较）的核心则在于差异。我们可以通过对比现在与过去的情况或者对比赞美对象与其他人，来进一步凸显对方的优秀之处。例如，“相比之前的报告,你这次在数据分析的深度和广度上都有了很大的提升，而且比其他同事做得更全面。”

举个例子，当某个部门的同事完成年中总结汇报之后，你可以这样运用 FFC 赞美法则来进行赞美：“你们部门这次的成绩真不错（Feeling）！扩展了好几个新的功能场景，还都取得了显著成效（Fact），并且营业额对比上个季度增长了好几个点（Compare），看来要多向你们取经了。”

有理有据的赞美可以让你的夸奖显得更加真诚，而真诚是平级沟通交往的大前提，也是未来深入交流沟通的基础。

其实无论使用哪种方法，其目的都在于增强彼此间的信任和尊重，这两点正是平级沟通的基础。

跨部门沟通思维

信息很关键

领导力——跨部门沟通就是信息交换的过程

1. 跨部门沟通就是求同存异的过程。
2. 不同部门都有相同的大目标——为企业创造价值。
3. 当跨部门沟通的立足点是双赢时，你的沟通必将无往不利。
4. 拥有足够的必要信息才能在跨部门沟通中占据先机。

精细的社会劳动分工带来了部门的分化，于是跨部门沟通成为工作中不可或缺的一部分。日常工作中，但凡不能由本部门独立完成的事项都可能会涉及跨部门沟通。例如，开展一项涉及多个部门的综合性项目时，需要各部门相互协同，共同推进项目进度。

不同于平级沟通主要聚焦于人与人之间的沟通协作，跨部门沟通更侧重聚焦于部门与部门之间的沟通协作。沟通视角变化的背后代表着核心利益主体的变化，此时，占据管理者身份的沟通者，不仅代表着自己，更代表着部门。沟通中出现的矛盾冲突也往往脱离个体的冲突，转而聚焦于部门间的目标和利益冲突。

这种视角变化的好处在于视角更理性。但与此同时，其劣势也很明显，因为此时你所需要打动的已经不是眼前的人，而是眼前的部门。

记得有一次，我负责的项目临时接到一个紧急的汇报任务。其中，有项关键的数据需要由数据部门提供，而此时，数据部门还兼顾着其他业务部门的数据工作。显然，这已不再是我与数据部门负责人之间融洽的平级沟通所能解决的范畴，在我的主体视角看来，沟通仅仅处于我和数据部门之间，而数据部门的负责人还需要考虑其他几个上游部门的需求，他的视角就与我不同。如果我一味地催促数据部门的工作进度，不仅会给他们带来压力，也可能造成误解，导致对方对我们有意见。

于是，我不得不将沟通范围扩展开，建立我的部门、数据部门以及其他业务部门三方间的沟通。在整个沟通过程中，我通过说明任务重要性、对公司的战略意义等，将双方部门排期冲突转化为彼此对企业共同目标的责任，以此说服其他业务部门让出优先级。同时，借助这次三方沟通，为数据部门作出进度澄清，避免其他业务部门因进度问题而对数据部门产生误解。果然，最后问题解决了，三方都能互相理解。

其实，在跨部门沟通中，冲突与矛盾再常见不过。所以管理者在进行跨部门沟通时，应当厘清跨部门沟通冲突的根源。

首先，部门之间的目标和利益差异是导致沟通障碍的重要原因之一。不同部门有各自的工作重点和绩效指标，这使各部门在合作项目中难以达成一致的方向和优先级。例如，销售部门追求业绩增长，可能希望尽快推出新产品，而研发部门则更注重产品的质量和稳定性。双方势必在产品上市时间上容易产生分歧。

其次，各部门间很难做到信息对齐。因为部门定位不同，所需掌握的信息与专业知识、在相同事项上所能分配的时间与精力也都有明显差异，不同部门对于同一问题可能存在不同的理解和认知。例如，市场部门对消费者需求的了解可能与生产部门的技术能力和资源情况存在脱节。

最后，由于管理者差异，各部门间会形成迥异的工作风格，这种差异也会在一定程度上影响沟通效果。例如，有的部门注重创新和灵活性，而有的部门则更强调规范和流程，这种差异有时候也容易引发冲突和误解。

知晓根源后，对症下药即能掌握跨部门沟通的密码。例如，在目标与利益差异上，我们可以尝试寻找双方部门目标的相同点，以此打动对方。在工作风格差异上，我们可以尝试用对方习惯的风格进行沟通。至于面对跨部门之间信息不对称的问题方面，我们也可以借鉴下面两个有效的沟通模型：乔哈里视窗模型与 5W1H 模型。

乔哈里视窗模型

乔哈里视窗模型将人际沟通的信息分为 4 个区域：开放区、隐藏区、盲目区和未知区。

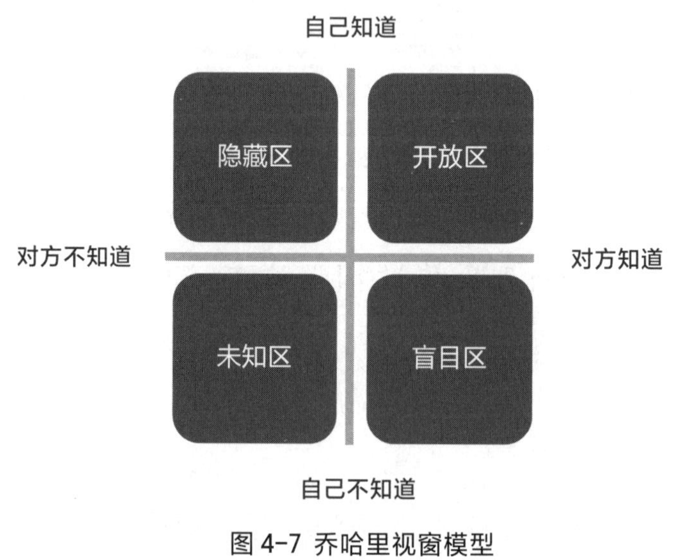

图 4-7 乔哈里视窗模型

其中，开放区是双方都知道的信息。在跨部门沟通中，扩大开放区代表我们要主动分享工作中的进展、目标和成果，其目的在于让其他部门清晰了解我们的工作情况。

隐藏区是自己知道但对方不知道的信息。在跨部门合作时，我们可能会因为担心信息泄露或者其他原因而保留一些关键信息，但其实这种做法往往会引起对方的误解和不信任。因此，我们需要适当开放隐藏区，分享一些对合作有益的内部信息，增进彼此间的理解和信任，这也是增加沟通成功率的一条捷径。

盲目区是自己不知道但对方知道的信息。为了缩小盲目区，我们要鼓励其他部门给予真诚的反馈和建议。

未知区是双方都不知道的信息。跨部门的头脑风暴会议就是探索未知区的有效方式，大家可以共同探讨新的想法和可能性，为解决问题和创新提供思路。

如上述案例所示，数据部门与其他业务部门对我部门本次任务的重要性存在盲目区，所以，在与其他业务部门沟通中，我适当开放了隐藏区，真诚地向对方说明情况，以换取对方的理解。同时，还帮助数据部门打破了其他业务部门对他们工作任务安排的盲目区，为数据部门消除后顾之忧。

5W1H 模型

不同于乔哈里视窗模型聚焦于大方向，5W1H 模型更聚焦于沟通细节。5W1H 模型即 Who（对象）、What（什么）、When（何时）、Why（原因）、Where（何地）和 How（如何），运用此模型可以使沟通更加全面和清晰，提高沟通的效率和效果。

图 4-8 5W1H 模型

例如，假设公司的营销部门和研发部门需要合作推出一款新产品。在沟通初期，运用 5W1H 模型可以这样做：

Who：包括营销部门的负责人、产品经理、研发部门的技术骨干等。

What：沟通关于新产品的功能定位和市场需求。

When：在每周的固定时间召开跨部门会议进行讨论。

Why：因为要满足目标客户的特定需求，提高产品的市场竞争力。

Where：选择公司的专门会议室，以便能够集中精力。

How：通过展示市场调研数据、技术可行性报告等资料，进行深入的面对面交流。

跨部门沟通其实是一场强调双赢的内部博弈，而信息就是这场博弈中的关键。身为管理者，你需要学会利用好所拥有的信息，尽可能地从其他部门中精准获取你需要的关键且正确的信息，这样才能取得博弈优势。

对外沟通思维

刚柔并济是一种态度

领导力——把握好沟通的态度

1. 刚时强势果断，柔时委婉陈情。

2. 好的对外沟通是在刚与柔之间寻得平衡。

3. 能把握好对外沟通的态度是每位管理者的必修课。

4. 不是有话语权才能把握态度，而是把握好态度才有话语权。

对外沟通与对内沟通虽然都是信息传递和交流的过程，但它们之间存在本质区别。对内沟通主要发生在企业内部，其重点在于协调工作流程、解决内部问题、促进团队合作以及提升员工的满意度和忠诚度。

而对外沟通则是与外部的利益相关者（如客户、合作伙伴、供应商和社会公众等）进行交流。其目的通常是建立良好的合作关系、推广品牌形象、获取资源、应对竞争以及满足法律法规和社会责任的要求。

在具体工作中，对外沟通的情况有很多。例如，与客户进行商务谈判，争取有利的合作条款；向潜在合作伙伴介绍公司的优势和合作愿景，以达成合作意向；回应政府部门的监管要求，确保公司运营的合规性；处理公众对公司产品或服务的投诉和质疑，维护品牌声誉；等等。这些场景是每位管理者或多或少都需要面对的，并且也要求管理者具备较高的沟通能力，以便能更好地与外部交流，实现企业目标。

有一次,我和市场部经理一同与甲方单位进行了一次深入的项目沟通。

在这次沟通中，我主要负责项目的技术部分，整个讲解框架遵循“柔”的原则：首先从项目理念切入，尝试激发客户共鸣；然后用可视化的框架，深入浅出地讲解解决方案，让客户更清晰明了地感受到我司优势；最后落点在我司的专业化背景以及系统背书上，给客户安全感。

而在价格谈判时，市场部经理则采取了“刚”的策略。在面对甲方的降价需求时，市场部经理并未立刻作出折扣让步，而是通过强调我方方案价值、服务或品牌优势来进行回应，并将我方收费细节拆解至不同部分，逐一进行解释，帮助客户理解我方价格组成。当然，他也并非一味强硬，在甲方仍希望能在价格方面有商议空间时，主动表示甲方单位是我们十分重视的单位，他将尝试向上司请示，预计可能有 10% 的商议空间。

就这样，在“刚柔并济”的“攻势”之下，我们最终与甲方达成了项目合作协议，并且这一项目也成了我们与甲方单位长期合作的基础。

可见，在沟通过程中既要有“刚”的表现，即坚定地表达清楚自己想要传达的关键信息，强势地维护自身的利益和原则，又要有“柔”的特质，在适当的时机表现出灵活性和同理心，而非一味自说自话地讲述自身诉求或者替对方剖析现状，而丝毫不给对方表达自身想法的机会。如果在实操中把握不好“刚”和“柔”的尺度，不妨试试电梯 30 秒演讲与 RIDE 说服模型。

电梯 30 秒演讲

所谓电梯 30 秒演讲，顾名思义，就是在乘坐电梯的短暂时间内，清晰、简洁且有力地向对方表达自己的核心观点或关键信息。这种演讲要求我们迅速抓住对方的注意力，并在有限的时间内传递最有价值的内容。在对外沟通的诸多技巧中，电梯 30 秒演讲是一种极具挑战性却又效果显著的方法。它不仅是一种高效传递信息的手段，更是刚柔并济的沟通策略中“刚”的有力体现。这种“刚”的表现，主要体现在以下两个方面：

（1）必须具备坚定的信念和明确的目标。在这 30 秒内，我们必须清楚地知道自己想要向对方传达什么，并且坚信所传达内容的重要性和正确性，这种坚定的信念能够让我们在沟通中展现强大的自信心和决心。例如，当向潜在投资者介绍一个创新的商业项目时，我们要在开场就坚定地表明项目的巨大潜力和独特价值，让投资者感受到我们对这个项目的信心。

（2）语言表达要简洁有力。避免冗长和模糊的表述，要用最直接、最明确的语言阐述核心要点。这就像一记有力的直拳，直击要害，不给对方任何误解或忽视的空间。例如，在与合作伙伴讨论合作方案时，直接指出合作能够带来的显著效益和竞争优势，以坚定的语气和明确的数字来增强说服力。

RIDE 说服模型

与电梯 30 秒演讲不同，RIDE 说服模型是一种充分展现了“柔”的特质的沟通模型。

RIDE 说服模型的 4 个组成要素分别是风险（Risk）、利益（Interest）、差异（Difference）和效果（Effect）。在对外沟通时，合理运用这个模型能够以一种温和、体贴且富有同理心的方式达到良好的沟通效果。

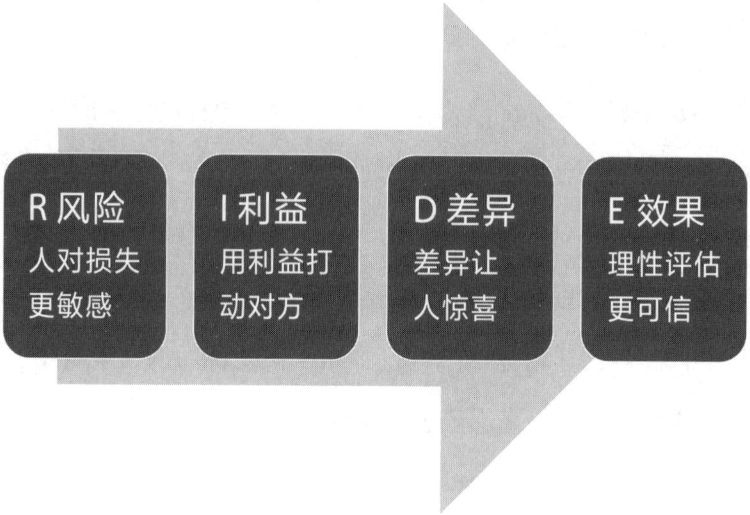

R 风险
人对损失
更敏感

I 利益
用利益打
动对方

D 差异
差异让
人惊喜

E 效果
理性评估
更可信

图 4-9 RIDE 说服模型

它首先从“风险”入手，强调在与对方交流时，先指出如果不采取某种行动可能面临的潜在风险。此时应采取的态度并非强硬的警告，而是一种关心和提醒的态度，让对方意识到问题的严重性。

接着将双方视角拉到“利益”部分，阐述建议采取的行动所能带来的好处和利益。通过描绘美好的前景，激发对方的积极性和兴趣。

然后延伸至“差异”上，指出我们的方案或建议与其他选择的不同之处，突出其独特的优势。

最后提出“效果”，要说明行动的实际效果和可衡量的成果，增强对方的信心。

RIDE 说服模型正是通过这样循序渐进的沟通方式展现“柔”的力量，让我们在表达自己观点的同时，充分考虑到对方的感受和需求，以一种温和而有效的方式引导对方做出有利于双方的决策。

在不同情况下，酌情使用“刚”与“柔”能够帮助我们在复杂多变的外部环境中建立良好的关系，进而达成组织的目标。

第五章

实践思维

问题解决思维

解决问题而不是提出问题

领导力——缩短现状与目标的距离

1. 解决问题其实是缩短现状与目标的距离的过程。
2. 能解决问题的管理者才能真正地赢得下属尊重。
3. 要做问题的管理者，而不是问题的受害者或者制造者。
4. 解决问题之前，先解决好情绪。

在工作中，问题总是层出不穷，如业绩未达预期、团队协作不畅、市场份额下降等。这些问题的出现，常常是因为现实状态与理想状态间存在或大或小的差距。而不同的管理者在对待问题时，其态度和方式也各不相同。有的管理者会选择积极面对，迅速采取行动来分析并解决问题；有的管理者则习惯采取拖延或回避的方式，对问题视而不见，寄希望于问题自行消失；有的管理者过度关注问题的表面现象；也有的管理者更注重将时间和精力放在挖掘问题产生的根本原因上……不同的处理方式和态度自然会带来不同的结果。

上世纪80年代，某化工厂的产品质量良莠不齐，经常收到用户投诉。然而，由于市场供不应求，产品销售无忧，导致质量问题长期得不到重视。新厂长上任以后，并未忽视这一现象，而是下定决心不断推动产品质量的提升。

有一次，他收到客户反映，说厂里生产的洗衣粉质量不稳定，有些批次的清洁效果不佳。厂长立刻组织了管理人员，对仓库里即将出货的洗衣粉进行检查，果然发现了多批次的洗衣粉质量不稳定、重量也有差异。对此，他没有高高举起、轻轻放下，也没有采取权宜之计，将有问题的洗衣粉卖出去，而是让负责这些批次的生产小组，严格按照厂标重新生产，直至产品符合标准。

至于已经生产出来的低质量洗衣粉，厂长在全体员工面前进行了公开销毁。尽管这些产品尚有使用价值，可厂长用自己的态度表明了决心：任何不达标的产品一律不能出厂，生产者必须承担责任，不允许存在侥幸心理。

厂长这一震撼人心的举动，让全体员工意识到产品质量的重要性。此后，该化工厂内部树立了严格的质量标准，并凭借着对质量的执着追求，逐渐在市场上积累了好口碑，即便市场竞争愈发激烈，也能稳居不败之地。

化工厂厂长对待问题的态度给了其他管理者很好的示范。只有专注于解决问题的管理者才能够给团队带来明确的方向和坚定的信心，激发团队的创造力和积极性，促进团队的成长和发展。以结果为导向的管理者通常能够针对情况迅速做出决策，并果断采取行动，与此相反，忽视和回避问题的管理者只会让团队陷入混乱和迷茫，消耗团队的精力和资源，破坏团队的氛围和凝聚力。当然，现实中有的管理者还喜欢用“和稀泥”的方式解决问题，但“和稀泥”真的能解决问题吗？林洋的经历或许能给各位管理者一些启示。

有段时间，林洋带领的技术团队因为缺乏线上回归而频繁出现技术故障：一会儿服务器崩溃报错，一会儿数据错乱……受影响的业务团队因此投诉连连。面对这样的情况，身为管理者的林洋采取的解决方案却令人瞠目结舌：对内，他对着几个参与其中的员工大发雷霆，指责他们处事不谨慎；对外，他一面对受影响的团队解释故障原委，一面表示对方也有不妥，言语间隐隐透露出推诿的意味。一方面，这种“各打五十大板”的态度显然未能平息相关团队的怒火，还在团队内种下了不和谐的种子。另一方面，虽然眼前的故障处理好了，但实际并未能解决根本问题，没多久，其他环节又出现了新的技术故障。这一次，相关团队选择将问题上报给老板，林洋则面临被调职的可能……

诸如此类缺乏解决问题能力的管理者，显然是无法有效推动团队前进的，因为他们既解决不好情绪，又找不到问题的根本。对此，管理者可以学习以下两个理论模型，它们将从情绪和根本原因两个角度为你提供更好的解决问题的思路。

情绪 ABC 理论

在美国心理学家埃利斯提出的情绪 ABC 理论中，A（Activatingevent）代表诱发情绪的事件；B（Belief）代表信念，即个体对事件的看法、解释及评价；C（Consequence）代表事件发生后，个体的情绪反应和行为结果。

将这些定义放到现实生活中来，你会发现在棘手的问题面前，不同的想法会导致个人在面对问题时有完全不同的思维模式和应对措施。一般可能存在问题受害者和问题制造者两种截然相反的思维模式。

图 5-1 情绪 ABC 理论

我们以“因项目进度拖延受批评（A）”的事件为例：

将自己定位为问题受害者的员工可能会这样想（B）：“都是其他同事配合不力，管理者分配任务不合理导致的，我已经很努力了。”这种想法会导致他产生委屈、愤怒的情绪（C），使他无法积极寻找解决问题的方法。

而将自己定位为问题制造者的员工则可能会想（B）：“都是我的错，我能力太差，什么都做不好。”这样的想法会让他产生强烈的内疚感和自我否定情绪（C），影响后续解决问题的积极性。

无论将自己定位为问题受害者还是问题制造者，他们产生的消极情绪和行为结果（C）都是由于对问题的不恰当认知和评价（B）导致的。

针对这一现象，情绪 ABC 理论得出结论：发生的事件（A）只是引起人们情绪及行为反应的间接原因，而直接和根本的原因是人们对事件（A）抱有的看法和解释（B）。这一理论提醒我们，要通过调整我们的思维方式（B），以问题管理者的角色来应对各种棘手问题，从而采取积极有效的行动和保持良好的情绪（C），更好地解决问题。同样以“因项目进度拖延受批评”为例，问题管理者则会想：“虽然大家都存在问题，但我可以更主动地沟通协调，为推进项目贡献更多力量。”

根本原因分析（RCA）

根本原因分析（Root Cause Analysis，简称 RCA）是一种用于识别问题根本原因的系统性方法，其目的不在于处理问题表面症状，而在于帮助我们解决更深层次的问题，避免出现“头痛医头，脚痛医脚”的短视式处理。

在 RCA 中，“Root”代表“根本”，即我们要挖掘的、隐藏在现象背后，驱动问题产生的最深层次、最核心的原因，而不是靠简单推导得来的浅显的表层原因；“Cause”指的是导致问题发生的因素，强调的是全面、系统地寻找所有可能导致问题出现的原因；“Analysis”指的是对问题进行仔细、深入的研究和拆解，以此获取全面的信息来识别根本原因，其中就包括收集相关数据、审查流程、与相关人员交流等。

一般来说，RCA 的执行步骤可简单归纳为 4 步，即还原事实、确认直接原因、分析根本原因、进行改进。

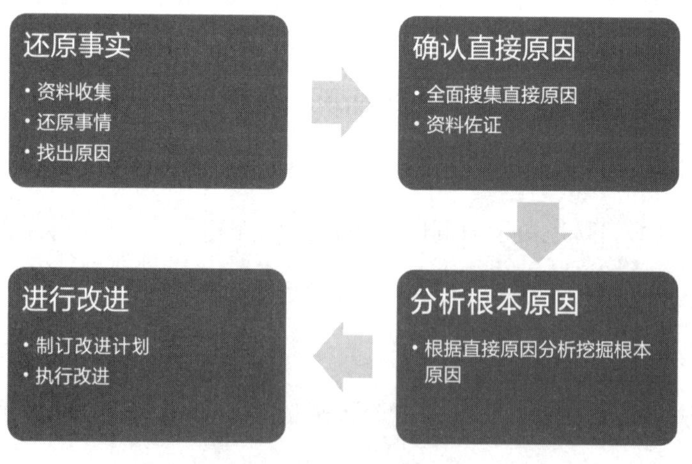

图 5-2 根本原因分析（RCA）

例如，在设备频繁出现故障时，首先，我们要通过排查确认其直接原因（发生了什么）——某个零件损坏；其次，我们还要分析根本原因（为什么发生）——维护计划不合理以及操作人员培训不足；最后才是对照分析的原因进行改进（如何避免再次发生）——改进维护计划和组织操作人员培训。

这个思考模型有利于培养我们的系统性思维能力，帮助我们梳理“发生了什么（现象）、为什么发生（根本原因）以及如何避免再次发生（对策）”，让我们能更系统地从“根”上解决实际问题。

总之，不要害怕出现问题，因为问题出现的时候其实也是管理者发挥作用的关键时候，只要管理者能以“解决眼前问题，避免问题再次出现”的姿态去思考、分析和解决问题，那么很多问题都能迎刃而解。只有坚定不移地贯彻这样的想法和做法，管理者才能带领团队取得更好的发展。

项目规划思维

计划是成功的关键

领导力——无计划不执行

1. 简单的计划是对工作任务的分解和任务优先级的排布。
2. 凡事预则立，不预则废。
3. 有计划的管理者才能运筹帷幄。
4. 没有计划不要开始，没有总结不要结束。

项目管理是指运用专业知识、技能以及方法，在资源有限的条件下，能实现或超越最开始所设定的需求或期望的过程，它涵盖了启动、规划、执行、监控和收尾五大阶段，目的是确保按时、按质、按预算达成目标。其中规划阶段对于项目的成功具有多重关键意义：从项目本身来说，做好规划能够帮助管理者将目标具象化为具体可落实的策略；从风险的角度来说，做好规划能帮助管理者预见风险，并制定应对策略，降低不确定性因素对项目的影响；从资源的角度来说，它有助于资源的高效配置，避免浪费和冗余，确保资源精准投入关键环节；从团队的角度来说，它能够增强团队的协同效应，使团队成员明确各自的职责和工作方向，提升整体工作效率。

但在实际工作场景中，不同管理者对待规划的思维和方式存在很大差异，部分管理者会高度重视并将项目规划作为项目管理的首要步骤，他们会在项目启动初期，精心构思并制订详细的计划，规划内容包括但不限于项目的里程碑点、时间节点、资源分配等关键要素，然后在项目推进过程中，严格遵守、监控和调整；但也有许多管理者缺乏系统的规划意识和能力，很多时候，在项目开始时，他们可能仅有一个大致的想法，不制订详细的计划就去推进项目进程，后来也只是随着项目进展边做边看边调整，这样的做法最终导致项目方向不明确、进度失控、资源浪费等问题。

某公司计划装修新办公区域，并任命了一位有经验的部门经理作为该装修项目的项目经理。这位项目经理基于自己过往的经验，并未让施工人员参与制订计划的过程中，而是简单地“拍脑袋”按照 8~12 周的项目周期草拟了进度计划表。谁知，此后问题层出不穷。

起初，施工人员主动向项目经理反映时间问题，他们认为项目时间过于紧迫，未能综合考虑工程量、施工速度等因素就进行规划，而此时项目经理并未重视，只是随口将工期延长一周，以安抚施工人员的不满情绪。在项目经理看来，这样机动的调整有助于缓解团队矛盾，殊不知在施工人员看来，这一举动意味着无计划、不紧迫，于是后来各个环节都出现了不同程度的返工与拖延。

例如，在设计阶段，项目存在美观与实用需求难平衡的矛盾，设计人员因为调整和修改导致延期1周，最终为了交付才勉强通过。到了硬装阶段，在设计上勉强通过的不合理之处给施工带来了很大麻烦，导致工人不得不一面沟通调整，一面施工，于是验收时间又延期了 3 周，初验与复验被迫同步进行。结果在验收阶段，大量质量问题出现，工人们只能加班处理。

就这样，整个项目最终比原计划延迟了2个月才交付，公司也遭受了很大损失，不少项目都不得不推迟。

纵观整个项目，我们不难发现，没有制订清晰、可行的计划是整个项目延期最直接的导火索。盲目开展工作只会使项目陷入混乱，无法按时交付也只是其中影响面最小的不良后果。所以，不要忽视计划的重要性，一个好的计划能让管理者以更加从容的态度应对复杂多变的环境，能帮助管理者做出更明智的决策，避免盲目行动和短视行为，同时也能让团队成员在明确的方向和框架下高效工作。

在计划阶段中，时间和任务分配或许是管理者最在意的两个问题，因为它们都与最终交付息息相关，对此，管理者应当掌握以下两种方法。

WBS 工作分解结构

WBS 工作分解结构，就是按照项目的内在结构或实施顺序，将项目进行逐层分解、步步落实的有效工具。它是以可交付成果为导向对项目要素进行的分组，归纳和定义项目的整个工作范围，注重将项目工作拆解成易于管理和控制的具体工作包（最小单元，拥有可交付成果）。其优点在于便于明确项目的范围和任务，让项目的范围和任务不再模糊不清，从而为制订详细的项目计划打下良好基础。例如，利用 WBS 工作分解结构，我们可以将一个大型的营销活动项目分解成活动设计、活动宣发、场地布置、流程监控等多个清晰的工作包。

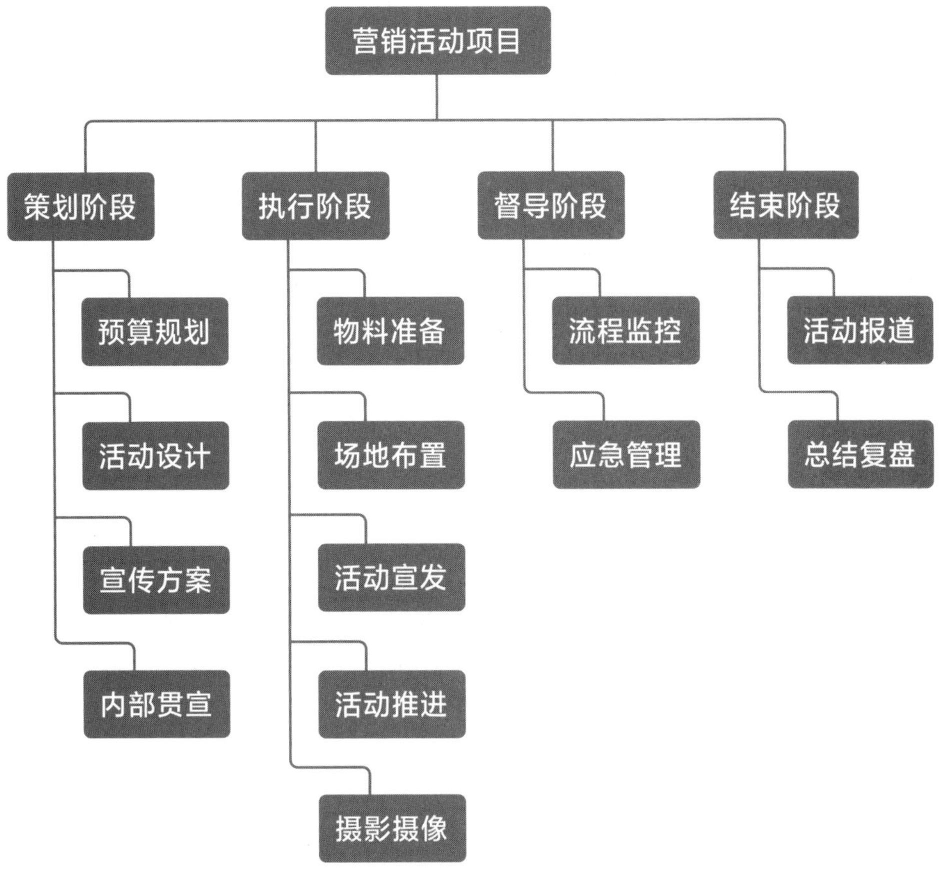

图 5-3 WBS 工作分解结构

在实操中，使用 WBS 工作分解结构对项目进行分解必须遵循以下原则：

（1）完整性原则。分解时要确保涵盖项目的所有工作内容，无一遗漏。

（2）逐步细化原则。分解过程要从宏观层面逐渐深入到微观层面，将项目逐步分解为更详尽、具体的工作包。

（3）层次分明原则。分解时按照清晰合理的层次结构进行分解，使各层次间逻辑关系清晰。

（4）责任明确原则。要保证每个分解后的任务都能明确到责任主体。

（5）可衡量性原则。分解任务要能够进行量化和评估，并且各子任务之间要保持相对独立，减少相互依赖和交叉。

在分解方法上，常见的有自上而下法，即从项目的总体目标出发，逐步向下分解为具体的子任务；还有自下而上法，先列出所有可能的具体任务，再将它们归纳、组合成较大的工作包和更高层次的结构；此外，还可以使用模板法，参考类似项目的 WBS 模板，并根据当前项目的特点加以修改和调整。

PERT（计划评审技术）

在管理学中，有一种用于项目进度规划和控制的网络分析技术，名叫 PERT（Program Evaluation and Review Technique），它采用网络图来描述一个项目的任务网络，可以帮助管理者通过估算项目中各项活动的时间，计算出整个项目的预期完成时间和关键路径，让项目管理者能够更好地掌控项目进度。

在项目启动阶段，管理者首先需要对各项任务的执行次序进行梳理，明确主要任务，确认可并行开展的任务，初步画出类似流程图的 PERT 网络图：

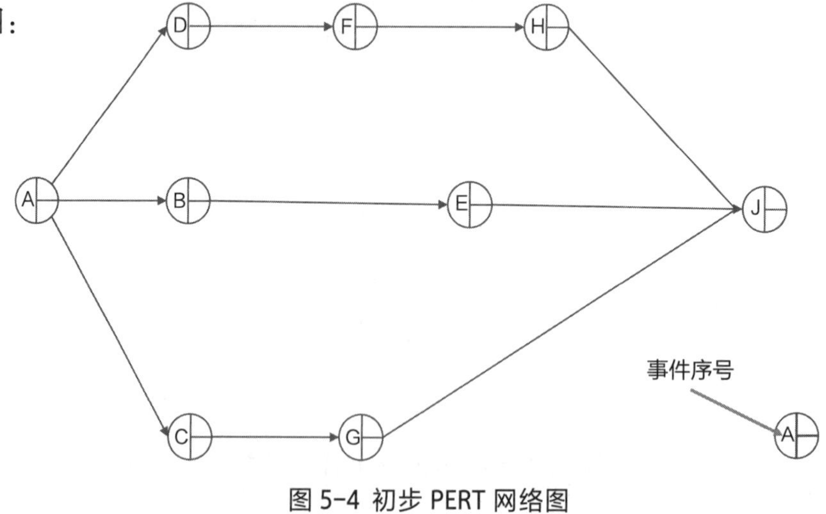

图 5-4 初步 PERT 网络图

然后针对各项任务所需时间进行乐观估计（O）、悲观估计（P）和最可能估计（M），并依据 PERT＝（O＋4M＋P）/6，计算得出一个相对合理的预计工期（不足 0.5 按 0.5 计，大于 0.5 小于 1 按 1 计）。例如，在一个软件开发项目中，对于某个关键模块的开发，乐观估计需要 2 周，悲观估计需要 6 周，正常估计是 4 周，那么通过 PERT 计算，就能得出它相对合理的预计工期为 4 周。运用这种方法既避免了盲目“拍脑袋”定工期，也降低了因时间估算不准确导致的项目延期风险。在得出合理工期后，把各项任务的合理工期标记在上图中，进一步完善 PERT 网络图：

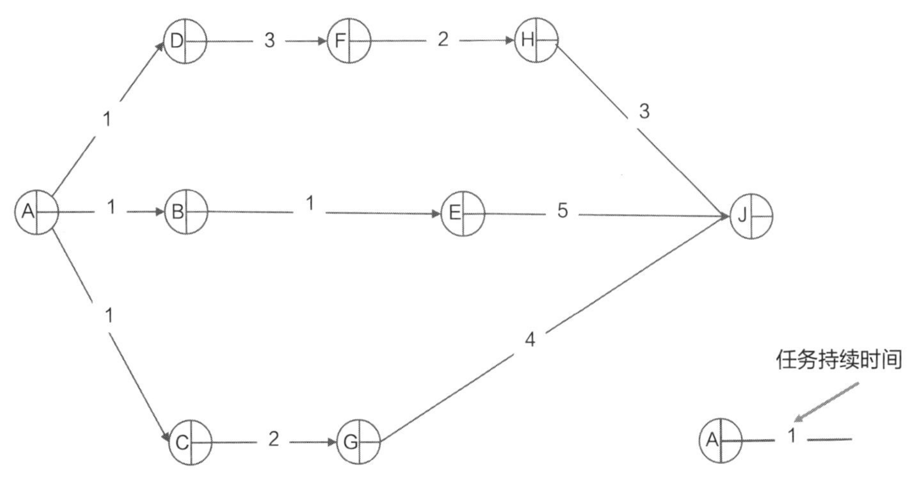

图 5-5 PERT 寻找关键路径

依据 PERT，我们可以从并行任务中寻找出耗费时间最长的路径，因为这条路径的时间浮动将影响整个项目的进度，所以又被称为关键路径。

以图 5-5 中的任务为例，该工作一共有 3 条任务线，它们各自耗时情况如下：

路径 1:A → D → F → H → J，工期总计 1＋3＋2＋3＝9；

路径 2:A → B → E → J，工期总计 1＋1＋5＝7；

路径 3:A → C → G → J，工期总计 1＋2＋4＝7。

路径 1 所花费的时间最长，则图中关键路径即为路径 1。这也意味着这项工作在按照这一次序开展的情况下，所持续的总时间与路径 1 相等。

除了计算关键路径外，PERT 还可以帮助我们倒推任务的最晚开始时间，将最早开始时间和最晚开始时间填入图中，可以最终得到完整的 PERT 网络图：

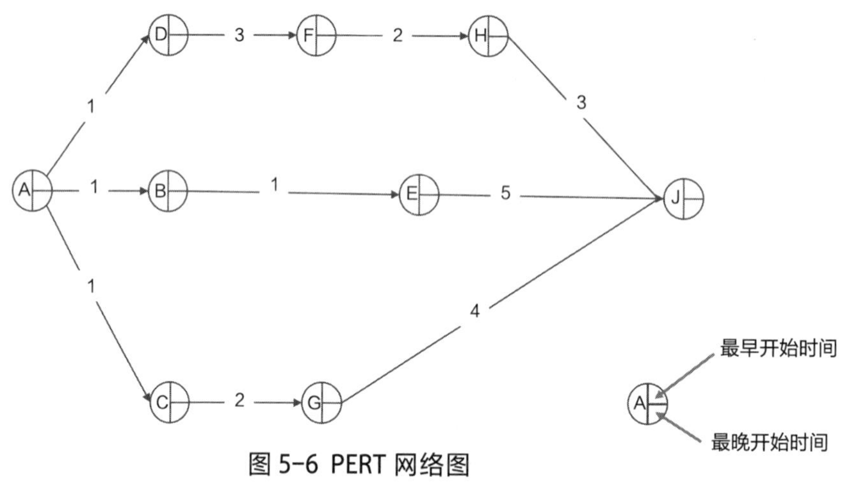

图 5-6 PERT 网络图

在实操过程中，可以将 PERT 和 WBS 搭配使用，例如，先通过 WBS 明确项目的各项任务，再运用 PERT 对每个任务的时间进行估算和规划。但计划对项目的重要性不可忽视，作为管理者要积极运用科学的方法和模型，制订详细、可行的项目计划，并带领团队认真执行，确保项目取得成功。

风险管理思维

学会未雨绸缪

领导力——管理不确定性

1. 风险管理的本质其实是管理不确定性。

2. 管理风险不要求完全消除不确定性，而是要求学会利用不确定性。

3. 管理不确定性就是最大限度地保障目标实现。

4. 优秀的管理者不仅不会害怕不确定性，还会把不确定性转变成机会。

在现代商业环境中，企业面临的风险有很多，如市场波动、技术变革、政策调整及竞争对手等。如果管理者没有风险管理思维，那么他所在的企业很可能会因为一次重大风险事件而遭受重创，甚至走向倒闭。相反，具备风险管理思维的管理者，在决策时通常会充分考虑各种可能的情况，然后对不同方案的风险和收益进行评估，提高决策的科学性和准确性，避免盲目决策。在面对不确定的情况时，他们往往也能够提前做好准备，降低风险发生的概率和造成的影响，保障企业的长期稳定发展。这也是那些风险管理得当的企业在面对市场变化和竞争对手挑战的时候，能够更加从容应对，及时调整战略，抓住机会，并在竞争中脱颖而出的原因。

以华为为例，作为全球知名的通信技术公司，华为在其发展历程中面临着来自技术、市场、政策等多方面的风险因素，然而，华为的管理层凭借出色的风险管理思维，不仅成功应对了各种挑战，还实现了跨越式发展。

在技术研发领域，华为深知技术发展的不确定性，提前布局多种技术路线，以应对可能出现的技术变革。例如，在5G技术研发过程中，华为一面提高自身标准、推动技术发展，一面对其他潜在的技术方向进行研究和探索。因此，当某些技术路线因市场需求或政策变化而面临挑战时，华为能够迅速调整，利用已有的技术储备和研发能力，转向更具潜力的方向，从而始终保持在技术的领先地位。

在市场拓展方面，华为也充分认识到国际市场政策法规和文化差异的不确定性，深入研究当地市场特点，灵活调整市场策略。例如，在一些新兴市场，华为根据当地的通信基础设施状况和用户需求，推出定制化的产品和解决方案，迅速占领市场份额。

在面对美国的无理制裁这一巨大的不确定性时，华为管理层更是展现了卓越的风险管理能力。他们预判了可能的限制措施，积极进行芯片等关键零部件的储备，并加大自主研发的力度。同时，还利用这一契机加快推进鸿蒙操作系统的发展，拓展国内市场，加强与其他国家和地区的合作，最终成功实现了业务的转型和升级，进一步提升了自身的核心竞争力。

从华为的发展历程中，我们不难看出，所谓风险管理其实就是管理不确定性，也就是管理那些无法准确预测的未来事件的结果和影响。这些不确定性的组成因素或许十分复杂，它包括来自内部和外部的各种因素，这也就相应导致风险评估困难。从这个角度来看，谁能管理好不确定性，谁就能把握战机。

现在的许多管理者都习惯于研究成功企业和管理者的成功原因及工作

方式，然后照搬照抄地应用到自己的团队，这种行为在一开始可能会取得一定效果，但随着模仿的人越来越多，就越来越容易失效。这种管理学上的“边际效益”暴露出了一个重要的问题——大部分管理者实际上并不擅长应对不确定性，他们通常在自己的舒适区内徘徊，因此学得其形却没有学得其精髓。所以，建议管理者们可以尝试借助以下模型提升风险管理思维，从而更好地应对不确定性。

风险矩阵模型

风险矩阵是一种常用的风险管理工具，它将风险发生的可能性和风险发生后的影响程度分别划分为不同的等级。其中，发生概率被划分为高、中、低、极低等多个等级，而影响程度则被划分为严重、中度、微小、可忽略等多个类别，两个维度交叉组合，可形成一个矩阵，帮助管理者对不同的风险进行分类和评估，更加直观地了解各种风险的严重程度。

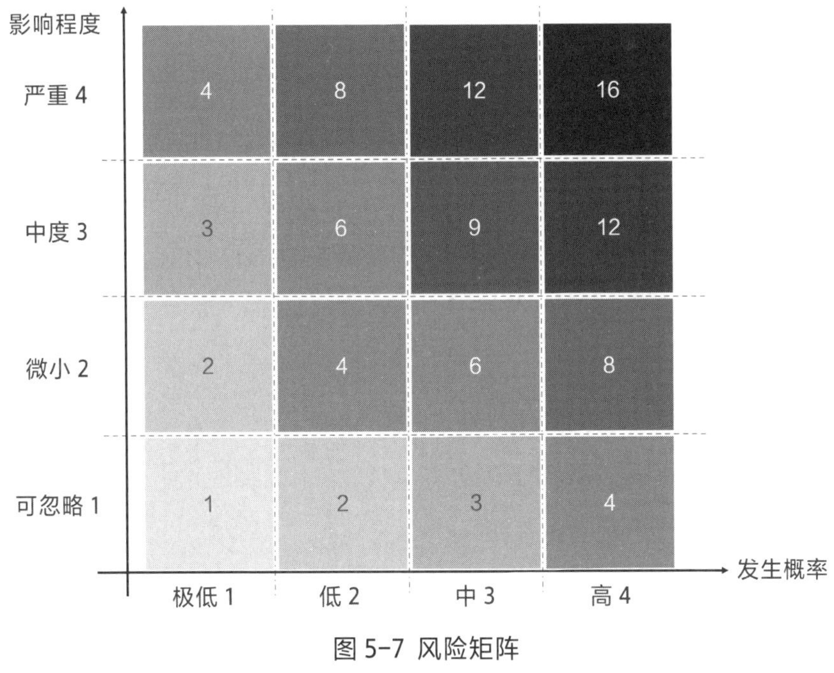

图 5-7 风险矩阵

在矩阵中，那些被评估为可能性较低但影响较大的风险，往往可能隐藏着潜在的机会。例如，一项新技术的出现可能对现有业务构成威胁，但如果能提前布局并掌握该技术，就有可能开拓新的市场领域。

换而言之，管理者完全可以基于风险矩阵的评估结果灵活调整策略：对于可能性高、影响大的风险，采取积极的应对措施；对于可能性低、影响小的风险，适当接受并保持关注；对于可能性不高但影响较大的风险保持警惕，以防潜在威胁突然爆发。

SWOT 分析模型

SWOT 分析模型是一个能够帮助管理者理解和利用不确定性的有力工具，它主要包括 4 个方面：优势（Strengths）、劣势（Weaknesses）、机会（Opportunities）和威胁（Threats）。从这 4 个方面，可以对企业或团队的情况进行综合分析，帮助管理者更加清晰地了解企业所处的内外部环境情况，为后续制定策略提供依据。

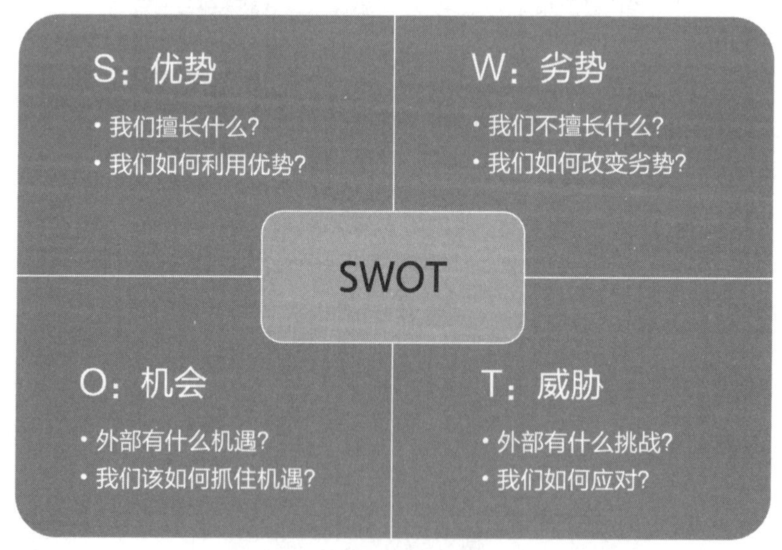

图 5-8 SWOT 分析模型

在SWOT分析模型中，优势（S）和劣势（W）是基于企业现状的分析，而机会（O）和威胁（T）则是对未来不确定性的识别。例如，新的市场趋势、技术变革、政策调整等外部事件于企业而言都是未来的不确定性事件，它们有可能成为企业发展机遇，也有可能对企业构成潜在威胁，需要进一步展开分析，再评估其对企业的影响。

很多时候一些看似是威胁的不确定性因素也可能隐藏着潜在的机会。例如，竞争对手推出新产品显然对企业构成了一定威胁，但我们也不得不承认它们可以为企业的探索提供更多的思路与参考，促使我们加快创新的步伐，推出更具竞争力的产品；当然也有很多时候，机遇的到来伴随着高风险，所以优秀的管理者要懂得从威胁中寻找机会，在机遇中识别风险，不要惧怕不确定性，它们并非我们的敌人，如果能够进行巧妙利用，就可以收获有益资源。

不要害怕未知与风险，当你能直面它并做好风险管理时，所有不确定性都能为你所用，为你服务。

团队协作思维

信任是合作的基础

领导力——构建信任

1. 团队的进步要靠协作，协作的达成要靠信任。
2. 信任成本是团队协作最大的成本。
3. 团队协作就是信任他人能够达成目标。
4. 敢把后背交给你的队友，他才能跟你共进退。

乔布斯曾说："团队协作就是信任他人能够达成目标。"这一句话可谓道出了团队协作的核心——团队协作其实就是一群为了实现共同目标的人各自发挥优势，相互合作、相互支持，一起解决问题并创造价值。由此可见，高效的团队协作并非只是人员的简单集合，而是成员之间在知识、技能、经验等方面的互补与融合。在这样一个团队里，每个成员都清楚团队的整体目标，同时也都明确自己的角色和职责，彼此之间协同工作，才能提高效率，最终达成目标。

在这一过程中，信任无疑是最为关键的要素，它就像团队的黏合剂，将成员们紧密地连接在一起。只有当团队成员之间相互信任时，他们才能够更加坦诚地交流，分享想法和信息，共创开放的沟通环境，进而提高决策质量，而不用担心被误解或挨批评。不仅如此，信任的氛围还能让成员们敢于承担责任与风险，勇于尝试新的方法和策略，因为他们相信，即使失败了，团队也能给予他们支持和理解，而不是相互抱怨、指责。如此一来，大家自然更愿意为了团队的利益而付出更多的努力，面对困难和挑战时，也更能相互支持、共同克服，而不是各自为政。

在团建中有一个非常经典的“信任”游戏，名叫“背摔”。游戏要求团队里的每个人轮流被绑住双手，站在一个平台上，背对着大家向下倒，而团队的其他成员则需要站在台下用手臂搭成“人床”接住倒下来的人。

我曾经参与过这个游戏，作为团队里第一个尝试者，我当时站在平台上，背对着台下，不禁心跳加速，双腿微颤，尽管知道游戏很安全，但是对于背后的未知，我的内心还是充满了不安和恐惧。随着时间一分一秒过去，我才越发清楚到自己的恐惧和不安来自哪里，它们来自我对队友们的不信任：“他们能接住我吗？”“他们会尽全力接住我吗？”……然而，当我扭头看到台下队友们那坚定的眼神和紧紧靠拢的手臂，听到他们齐声喊着“我们准备好了，相信我们”的口号时，我的心突然平静了下来，也突然生出了一股力量。于是我深吸了一口气，毅然向后倒去，果然，大家稳稳地接住了我。那一刻，欢呼声响起。

后来，一个又一个队友站上平台，每一次背摔都是一次信任的传递。再后来，上台的队友的脸上已经全然不见害怕与担忧，因为每个人都相信，背后的大家一定会尽全力接住自己，也一定能接住自己。

游戏之外也是如此，团队建立和发展的大前提一定是信任。在一个没有信任的团队中，成员之间很容易相互猜疑、防范，自然无法形成有效的沟通和协作，更遑论相互扶持，一同达成目标，他们甚至随时可能因为内部矛盾而分崩离析。相反，当团队成员之间建立了信任关系，他们会更愿意无私分享彼此的经验和知识，在工作中也能够相互配合，面对挑战时更有凝聚力和解决的动力。

对于管理者来说，理解了信任对团队协作的重要性还远远不够，帮助团队成员在一次次协作中增强彼此的信任度也很必要，除了适当组织团建活动外，管理者还可以在实际工作中运用以下两个理论模型进行团队管理。

麦肯锡信任公式

信任 =（资质能力 × 可靠性 × 亲近程度）÷ 自我利益取向，这个以简单的乘除运算形式来计算信任度的公式就是著名的麦肯锡信任公式。

在该公式中，资质能力指的是一个人在特定领域所具备的知识、技能和经验，它是一个正向指标，也是赢得他人信任的基础，这是因为一个在专业领域表现出色的人更容易获得团队伙伴的信任；可靠性也是一个正向指标，它体现为能否持续稳定地按照标准和时间节点完成任务，如果一个人总是能按时、高质量地交付工作，那么其他人就会对其充满信心；亲近程度同样是一个正向指标，它反映了人与人之间的熟悉和了解程度，当团队成员相互了解，知道彼此的优点和缺点时，就能更好、更深入地沟通与合作，也就更容易建立信任；至于自我利益取向则是公式中唯一一个负向指标，它指在行事过程中对自身利益的关注程度，一个总是以个人利益为先的人，很难成为大家信任的对象。

基于这个公式，管理者要想提高团队成员彼此间的信任度和增强组织凝聚力，可以考虑提高“分子”（正向指标）的权重，或降低“分母”（负向指标）的权重，具体做法如下：

（1）提升资质能力。鼓励团队成员不断学习和进修，为团队成员提供培训机会，帮助他们提升专业技能，也可以定期组织内部的知识分享会，促进成员之间相互学习。

（2）增强可靠性。建立明确的工作流程和标准，确保每个人清楚知道任务的要求和完成任务的时间节点，同时对按时、高质量完成任务的成员给予及时的肯定和奖励。

（3）提高亲近程度。平时尽量创造开放的沟通环境，鼓励成员分享工作和生活中的经历和感受，同时定期组织团队建设活动，促进团队成员之间的沟通，增进成员之间的了解和感情。

（4）降低自我利益取向。在项目分配和奖励机制上，强调团队整体成果的重要性，加大力度培养团队成员的大局观，让大家明白个人利益与团队利益的紧密联系。

如果一位管理者能够在团队中有效地运用麦肯锡信任公式，那么他必将打造出一个充满信任、高效协作的团队，他的团队成员也会和他一同迎接各种挑战，努力向团队的目标前进。

目标管理（MBO）

与麦肯锡信任公式的过程影响结果的思路不同，目标管理（MBO）是一种直接以目标为导向，将成员作为中心，以成果为评价标准，敦促团队达成目标业绩的现代管理方法。简单来说，它要求团队成员共同参与制定明确、具体、可衡量的目标，然后将这些目标分解为阶段性的任务和行动计划，并在实施过程中持续进行监控和评估，最后根据目标的完成情况进行奖惩。

MBO的实施逻辑与PDCA管理循环相似，主要包括设置目标、执行目标、评估目标和改进目标4个环节。

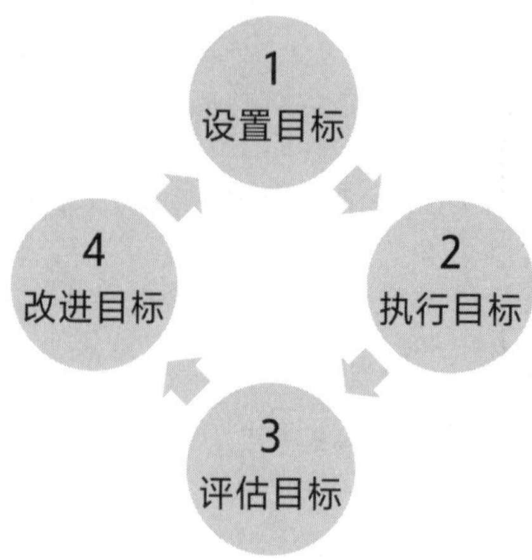

图 5-9 目标管理 (MBO) 流程

（1）设置目标：这一环节要求团队成员共同参与，一起根据团队的使命和战略，制定出具有挑战性但又切实可行的目标。例如，一个 App 的用户增长率目标可以定为“在本季度末，将新注册用户数量提高 20%”。

（2）执行目标：将大目标分解为小目标和具体的任务，分配给各个成员，并确保每个成员都清楚自己的职责和任务对整体目标的贡献。例如，上述新注册用户数量目标可分解为设备下载数和注册率两个子目标，并分别交由负责投放增长的人员及负责 App 运营的人员跟进。

（3）评估目标：定期检查目标的达成情况，以周会的形式进行信息同步和经验交流，例如，敦促团队成员之间相互反馈，以便尽早发现问题，及时调整策略和行动计划。

（4）改进目标：在目标达成后，需要对“为什么能达成目标”这一问题进行分析，并评判目标是否能进一步提升；若目标未达成，则要深入挖掘其根本原因，并找到改进的方法，争取在下一轮迭代中达成目标。

最后，作为管理者，要把信任当作团队的基石，培养团队成员之间的感情和默契，只有建立在信任基础上的团队协作才能够增强团队的稳定性和忠诚度，才能最大程度整合团队成员的智慧和力量，实现资源的优化配置，提高工作效率和质量。

持续改进思维

超越是实干派的追求

领导力——有技巧地迈出前进的脚步

1. 不管做什么事情，抱着“做到更好”的态度就不会差。

2. 管理者最忌讳的莫过于止步不前。

3. 随时保持归零的心态，才能更好地迎接不同阶段的挑战。

4. 要时刻对旧有习惯保持警惕，它们可能成为你前进路上的绊脚石。

如果说创新是企业发展的灵魂，那么质量管理则是企业发展的根骨。这里的质量管理并不单纯指每个环节的质量保证，而是指精益求精的持续改进思维。

从企业整体的角度来说，其管理者是否拥有精益求精的持续改进思维是企业发展和进步的关键，只有精益求精才能在动态变化的市场环境中打出自己的招牌，避免被遗忘在时代的洪流中，也只有持续改进才能助力企业突破平台期，走向更高峰。如果管理者没有持续改进的意识，他的团队就会因为无法适应市场的变化而变得毫无竞争力，最终走向败落。从团队成员角度来看，当管理者追求精益求精时，其团队成员也会因此受到激励，不断提升自己的能力，进而提高团队的整体绩效。

众所周知，苹果公司在产品设计上称得上精益求精。以 iPhone 手机上的计算器软件设计为例，上面的每一个图标、每一个按键的细节其实都被精心雕琢过，据说当时乔布斯为了达到视觉上的完美平衡，曾就计算器按键的形状、大小和颜色反复提出修改建议。并且除了追求视觉完美外，乔布斯还格外注重用户体验，他要求团队在计算器的启动速度、操作的流畅性等方面下足功夫，不允许任何瑕疵存在，哪怕是微小的细节也绝不放过。这种对完美的执着追求使 iPhone 计算器成为行业的典范，引领了手机计算器设计的潮流。

但有时这种追求完美的态度也并不完全合宜。有细心者可能会发现 iPad 上并没有内置计算器，这是因为软件团队在最初设计 iPad 版内置计算器时只是简单地将 iPhone 手机上的计算器移植过来并放大界面，这种简陋的体验效果让乔布斯感到非常失望和不满，他认为这样的效果完全不符合他对品质和用户体验的高标准要求。但由于时间紧迫，软件团队无法在发布前完成改版，于是只能选择暂时放弃 iPad 版内置计算器，谁知此后 iPad 版计算器也随着乔布斯的离世彻底被搁置，以至如今众多 iPad 使用者都只能下载第三方计算器，抱怨颇多。

iPhone 计算器到 iPad 计算器的设计历程充分体现了乔布斯在产品设计上精益求精的改进精神，但与此同时也告诫我们要注重改进的“持续性”，切勿盲目地追求一次做到完美。假设当时乔布斯愿意以“持续改进”的态度和方式对 iPad 版内置计算器进行优化迭代，或许能给用户带来更好的体验，也不至于招来那么多抱怨。

换而言之，持续改进不仅仅是对细节的执着，更是对超越现状的不懈追求，在实操过程中，管理者首先要从机制上建立全面质量管理的健全流程，其次才是明确改进内容，从更紧迫的需求入手。

全面质量管理（TQM）

全面质量管理（TQM）是一种强调全员参与、全过程跟进、全方位质量保障的管理理念，它关注的是团队工作过程中，每一个环节、每一个方面的质量提升。

对于团队管理者来说，提高对团队 TQM 的重视可以显著提高团队的工作质量和效率，引领团队不断进步，这主要基于两方面的影响：一方面，当团队中的每一个成员都对质量负责时，错误和失误就会大大减少，如此一来，成果的质量自然能够得到提高；另一方面，在追求质量的过程中，成员们需要密切合作、相互支持，这将使团队关系变得更加融洽，有助于增强团队的凝聚力和协作能力。

那么应该如何在团队中推行 TQM 呢？

（1）营造质量至上的文化氛围。在日常工作中，管理者可以通过交流、培训和激励等方式，让每一位成员都深刻认识到质量的重要性，使质量至上成为团队工作的首要标准。

（2）明确团队的质量目标和标准。在制定质量目标和标准时，要做到具体且可衡量，与此同时还要确保其与团队的整体使命、组织的战略方向保持一致。

（3）建立有效的质量监控和反馈机制。定期检查工作成果的质量，及时发现问题并给予成员明确的反馈，帮助他们及时改进。

（4）鼓励全员参与。鼓励团队成员积极参与质量改进的讨论和决策，充分发挥团队成员的智慧和创造力。

KANO 模型

日本学者狩野纪昭提出的 KANO 模型是一种适用于用户需求分类与优先级排序的管理学工具，它将用户需求分为基本型需求、期望型需求、兴奋型（魅力型）需求、无差异型需求和反向型需求 5 种。

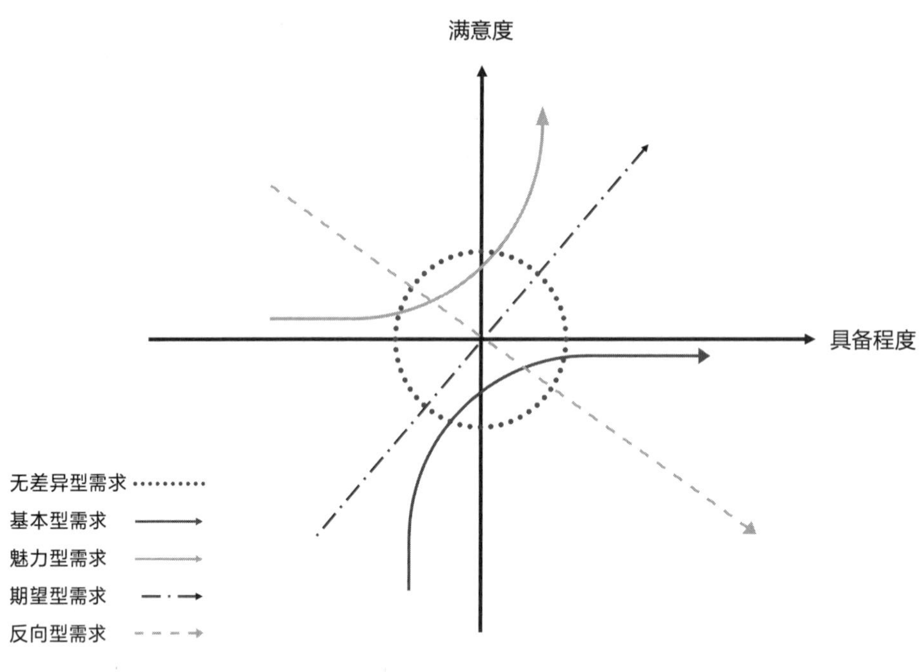

图 5-10 KANO 模型

这 5 种需求分别展现了用户期望与满意度的关系，基本型需求指的是产品或服务必须具备的特性，一旦缺失就会导致用户极度不满；期望型需求指的是用户期望拥有的特性，当其被满足得越多，用户满意度就会越高；兴奋型（魅力型）需求指的是超出用户预期的特性，它们能大幅度提升用户的满意度和忠诚度；无差异型需求则可有可无，对用户满意度影响不大；反向型需求为用户不希望存在的特性，一旦出现容易引起用户不满。

KANO 模型可以帮助团队精准地把握用户的真实需求和期望，为项目改进提供明确的方向，让管理者清楚地认识到哪些需求是关键需求，哪些需求还有提升的空间，避免管理者凭借主观臆断来进行决策。

不过，随着市场和用户需求的不断变化，KANO 模型需要定期进行重新评估，推动团队动态地调整和改进产品或服务。在实际应用 KANO 模型时，可以按照下面的步骤进行：

（1）需求收集：通过问卷调查、用户访谈、焦点小组等方式收集用户对产品或服务的需求和感受。

（2）需求分类：根据收集到的数据，将需求分为基本型、期望型、兴奋型、无差异型和反向型。

（3）优先级排序：确定不同需求类型的优先级，优先满足基本型需求，重点提升期望型需求，积极创造兴奋型需求。

（4）制定改进策略：基于需求分类和优先级排序，制定针对性的改进策略，并在实施过程中不断监测和调整。

例如，餐饮企业可以这样运用 KANO 模型来对服务进行改进。首先，针对新老用户的需求分别展开调研，然后将调研结果进行归类总结。以收集到的“干净卫生的就餐环境”“美味多样的菜品”“个性化的定制服务”这三大需求为例，就餐环境可定义为基本型需求，菜品口味可定义为期望型需求，个性化服务则可定义为兴奋型需求。因此，企业应首先确保餐厅的卫生达标，然后不断优化菜品口味和种类，并在此基础上推出定制化的餐饮服务，此后持续跟进改进效果。

在快速迭代的商业世界，管理者是否乐于持续改进将很大程度影响其团队成果是否能拥有更大、更持久的影响力，是昙花一现，还是可持续发展？正如伏尔泰所说，完美是优秀的敌人，持续改进不应成为企业的枷锁。

动态平衡思维

在动态变化中寻找平衡点

领导力——动中取衡才是好决策

1. 在变化中坚守平衡，在平衡中追求创新。
2. 变化是永恒的，平衡是暂时的，只有在动态中不断调整，才可能保持相对平衡。
3. 寻找平衡点的关键在于懂得取舍。
4. 有野心才能进取，求稳定才能守成，两者平衡才能长久发展。

在企业的发展进程中，“动态”绝非一个抽象的概念，而是一种看得见的变化趋势——市场需求总是如风云变幻，昨天还炙手可热的产品，今天可能无人问津；技术创新的浪潮一波接着一波，稍不留神，企业就可能被甩在后面；竞争态势更是瞬息万变，新的对手可能一夜崛起，旧的优势可能瞬间化为乌有。

以软件行业为例，在编程语言和开发框架不断更新的背景下，团队若不能紧跟潮流，迅速掌握新技术，就会导致项目开发陷入被动。与此同时，过分追求新技术也很可能因与环境出现断层而使企业陷入进退两难的尴尬境地。再比如，电商消费趋势变化迅速，团队必须敏锐捕捉消费者偏好变化，及时调整产品策略，但相应的，过分超前的产品理念代表占领需求蓝海的同时，也可能代表目标用户面过窄。

这就意味着管理者一方面必须随变化而变革，另一方面还需平衡好诸多相互关联又相互制约的因素：是长期效益，还是短期利益？是顺应用户需求，还是引领用户需求？是守成，还是创新？……只有切中其中的平衡点，才能精准地找到那个能让企业和组织稳定、高效运转的中心。

某铝型材企业在建成投产后一度呈现供不应求的繁荣景象，而在这繁荣的背后实际隐藏着深深的隐患。首先，供不应求往往代表着客户流失，并不利于搭建企业竞争力“护城河”；其次，该企业所用能源为煤炭，虽价格低廉，却也一并带来了低效和环保问题。

这两个问题尽管在眼下不致命，但也明显阻碍了企业的长远发展。

于是，该企业的总经理在眼前经济效益与企业未来发展的天平前稍作权衡后，毅然决定将该厂当年全年营业额，共计3000余万元，全部投资于引进先进设备进行节能减排改造上，并将该企业的加热系统全部改为环保高效的天然气能源。尽管这项举措前期花费颇多，但却为企业带来了经济和社会层面的双重收益，此后该企业总经理又陆续对企业车间及设备进行分批升级改造，成功实现进一步向节能环保方向的转型。后来，该企业的转型得到了当地政府的大力宣传和支持，也获得了许多新的合作机会，给企业带来了更加稳定的销售渠道和经营环境。

再后来，眼看大量铝型材企业涌入市场，铝型材行业竞争日渐激烈，总经理及时从曾经的“供不应求”的繁荣景象中醒悟过来，他不再只关注市场和需求，开始聚焦于企业内部，积极寻求生产与产能之间的平衡：一面推动产品创新，研发新型产品；一面进行生产技术革新，提高生产效率和产能，最终成功让企业在营收和发展上再上一个台阶。

纵观该铝型材企业总经理在两个关键节点的抉择，我们不难发现，他总能在变化中把握好平衡。在进行能源改造时，他态度坚决，但不冒进，而是分批进行；在面对竞争时，兼顾创新和增产提效，既开拓了新市场，又守住了旧市场。

相较那些一味追求快速发展的管理者，他这种追求平衡的发展理念在可控性和可持续发展上明显更占优势。而那些过于激进冒险的管理者，虽然对新的项目和业务充满热情，但却忽视了企业的稳定和协调，这样带来的结果只会是：团队成员被折腾得精疲力竭，资源被过度消耗，看似热闹非凡，实则根基不稳，难以实现可持续的发展。

除此之外，相较那些只追求稳定的管理者，他这种求平衡的发展理念在灵活性和发展前景上也明显更占优势。因为那些过于保守和谨慎的管理者太害怕变化带来的不确定性，容易在谨小慎微中错过一个又一个发展的良机。结果就是团队往往陷入一潭死水的境地，缺乏创新和竞争力，最终被市场淘汰。

如果你不擅长在变化中寻找平衡点，那么不妨尝试在实操中先利用“波特五力竞争模型”分析本行业情况，再结合变革平衡公式适时调整。

波特五力竞争模型

20 世纪 80 年代初，哈佛大学商学院教授迈克尔·波特在分析行业的基本竞争态势时，提出了五力竞争模型，他认为一个行业的吸引力取决于供应商议价能力、购买者议价能力、潜在竞争者进入的能力、替代品的替代能力以及同行竞争力五大核心能力情况。

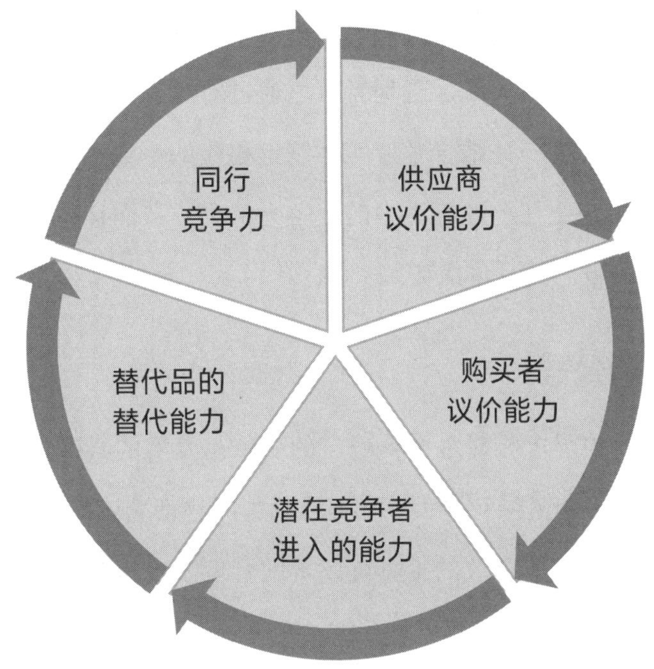

图 5-11 波特五力竞争模型

（1）供应商议价能力指的是评估上游供应商数量、产品差异化程度等方面因素综合得出的上游对本行业的影响情况。

（2）购买者议价能力指的是评估下游购买者数量、信息透明度以及迁移成本等方面因素综合得出的下游对本行业的影响情况。

（3）潜在竞争者进入的能力指的是评估新进行业竞争者在规模经济、产品差异、资本需要、销售渠道、行业壁垒等方面因素综合得出的新进行业竞争者对本行业的影响情况。

（4）替代品的替代能力指的是评估可替代方案等迁移成本、盈利能力等方面因素综合得出的替代品对本行业的影响情况。

（5）同行竞争力指的是评估行业内已有的竞争者在价格、渠道、售前、售后等方面因素对本行业的影响情况。

波特五力竞争模型不仅对踏足新行业的企业有重要意义，而且对已进入行业的企业也有重要意义。因为这五力从来都不是一成不变的，相反，它们瞬息万变，需时时关注，管理者可以通过对这五力的分析更好地理解当前行业的竞争环境，并结合企业实际制定相应的市场策略，明确企业的前进方向，平衡企业在上述五力中的竞争力情况，从而让企业在变化中始终在某方面保有自己的竞争优势。

变革平衡公式

要想在竞争中寻求相对平衡，稳定的变革是发展的必经之路，那么做什么、如何做、影响范围有多大、如何推动等问题都应该被纳入考虑范围。在管理学上有一个简单有效的工具可以帮助管理者快速掌握企业变革的可能性及决策条件，它就是变革平衡公式：变革的力量 = 驱动力 − 抑制力。

在公式中，驱动力指的是那些推动变革发生的因素，如新的市场机会、技术创新、提高效率的需求等；抑制力则是指阻碍变革的因素，如员工的抵触情绪、现有流程和制度的束缚、资源的限制等。依据该公式，当驱动力大于抑制力时，变革更容易推进；反之，变革可能会受到阻碍。

故而要想运用该公式，我们首先要做的就是全面、深入地分析影响变革的各种因素，将其明确区分为驱动力和抑制力两部分。例如，一家企业计划引入新的生产技术，此时驱动力可能有提高生产效率、降低成本、提升产品质量等；而抑制力可能有员工对新技术的陌生和恐惧、培训成本、设备更新的资金投入等。然后参照公式进行调整，尽量增强驱动力，减少抑制力，以推动变革开展。管理者可以增强驱动力，通过制定明确变革的目标、宣传变革好处、提供激励措施等方式增强推动决策的力量，比如，为员工描绘新技术带来的职业发展机会、设立与成果挂钩的奖励制度；也可以减少抑制力，采取措施消除或减轻阻碍变革的因素，如优化资源配置、解决资金投入的问题。

例如，某传统零售企业决定向电商转型。一开始，员工对新的业务模式不熟悉，存在抵触情绪，此时抑制力大于驱动力。企业管理者通过组织培训、分享电商行业的成功案例，激发了员工对新业务增长潜力的认识，增强了驱动力，同时通过优化内部流程，克服了转型过程中的障碍，减少了变革的抑制力。

不管面对怎样的变化，作为管理者都不应妄想一步登天，也不应过分顽固守旧，失衡的发展理念注定无法让企业走得长远，但也无需害怕快速变化的环境，只要能够树立动态平衡的思维方式，就能在不断变化的环境中稳步前进。

第六章

变革思维

探索思维

探索是变革的起点

领导力——摸着石头过河

1. 看不清河里的路时，不妨摸着石头过河。
2. 不把脚伸到水里，你怎么知道能不能过去？
3. 不敢变革的企业终将被市场抛弃，不敢探索的管理者终将被企业淘汰。
4. 探索是对未知领域的勇敢尝试，是对潜在机会和风险的深入挖掘。

随着技术的飞速进步、消费者需求的不断变化以及竞争对手的推陈出新，企业面临着巨大的挑战和机遇。此时，变革是适应市场变化、保持竞争力的关键，如果企业反其道而行，选择故步自封，始终沿用旧有的模式和策略，就很容易面临被市场淘汰的结果。

然而，要想实现有效变革并非易事，在变革的道路上，我们不应像无头苍蝇般盲目往前冲，而应胆大心细地进行探索，通过“小步快跑”的方式快速试出合适的、高效的切入点。尤其在面对未知状况时，探索是一种小成本的尝试，也是对潜在机会和风险的试探性挖掘，能帮助我们在“摸着石头过河”的过程中，摸到那块至关重要的“石头”。

改革开放初期，为解决效率低下和亏损严重等问题，某地方企业开始探索激励机制改革。例如，尝试将工资与绩效挂钩，通过明确且合理的绩效指标，让员工清楚地知道自己的工作目标和努力方向，同时又通过面向社会公开招聘、内部竞聘等方式引入竞争机制，鼓励员工不断提升自己的能力。这些改革陆续取得了一定成效，但随着变革深入，企业又陆续出现了许多新问题，如分配不公、工人下岗等。

不过，管理层并没有因此气馁，而是继续探索新的变革方向。例如，面对分配不公的问题，他们通过问卷调查、员工访谈等方式深入调研员工的收入情况和工作贡献度，听取员工对新分配制度的看法和建议；对于工人下岗的问题，他们积极探索再就业途径，如与当地政府或其他企业合作，联合举办各种技能培训班，帮助下岗工人提升技能，增加再就业的机会，同时利用企业自身资源，发展更多相关的附属产业或服务项目，吸纳部分下岗工人。当时该地制造业企业都陆续发展了物流配送、设备维修等业务，为下岗工人提供了大量全新岗位。

经过多年的摸索和实践，该地方企业逐渐走出困境，焕发出新的活力，并为后续许多企业的发展留存了宝贵的经验。

由这个案例，我们不难看出探索可以为变革提供方向和依据，帮助企业管理者尽早、尽快了解市场需求、技术发展趋势等，从而明确未来变革的目标和重点，并提前发现可能遇到的困难和问题，为变革的顺利实施做好充分准备。

不过，再小成本的探索也不应盲目开展，否则是一种无谓的资源浪费，如果管理者想要开展真正有意义而非形式化的探索，可尝试利用以下两个思维模型帮助企业明确探索方向。

机会成本模型

在探索的道路上，我们常常会面临“鱼与熊掌不可兼得”的抉择困境，这个困境的背后其实还隐藏着一个重要的经济学概念——机会成本，即因做出某个选择，而放弃的其他选项可能带来的价值。例如，在股票投资中，投资股票 A 的成本本可以用于投资股票 B，那么股票 B 的潜在收益就是投资股票 A 的机会成本。在日常抉择中，机会成本往往不仅限于金钱方面，还可能包括时间、精力、情感等多个方面。当理解了机会成本的概念后，你就会知道，放弃和静止作为选择的一种，也常常会带来机会成本，很多时候，我们只看到了某一选择所带来的直接收益或损失，却忽略了因为这个选择而放弃的其他可能性所带来的收益或损失。

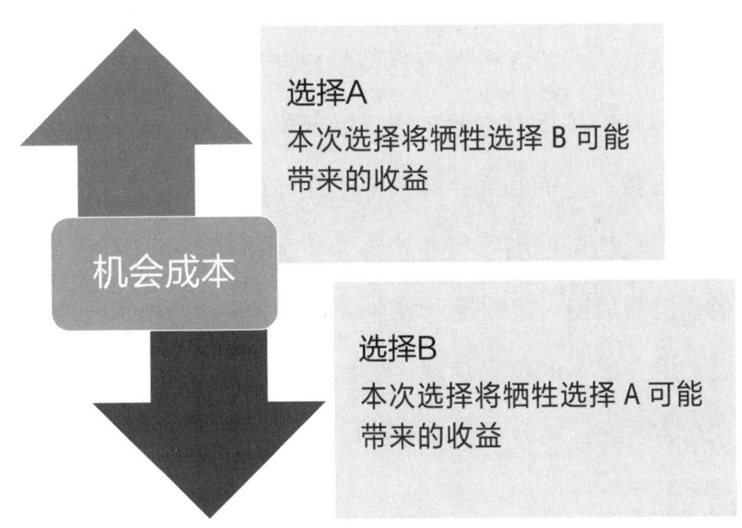

图 6-1 机会成本模型

对于管理者来说，了解不同机会成本有助于培养全局观，敦促管理者更加珍惜所拥有的时间、金钱、人力等方面的资源，并促使他们进行有效分配，使管理者在做决策时，不仅能考虑当下，还能预见未来可能的损失和收益，从而做出更具战略性的选择。

实操中，在考虑机会成本时，需要综合以下几点：

（1）明确可能的选择。在做决策时，不要局限于眼前的一两个选项，而应充分思考所有可行的选项。

（2）评估每个选择存在的潜在收益。对于每个选项，要全面地分析其可能带来的好处，以确认最大利益化选项。

（3）考虑风险和不确定性。不同的选择往往伴随着不同程度的风险，这会影响机会成本的大小与概率，需综合风险进行评估。

（4）结合价值观和目标。不管怎样，管理者的最终决策都应该与自己或者企业的价值观以及长期目标一致。

例如，在市场竞争日益加剧的大环境下，一家传统制造业企业的管理者经评估后发现摆在企业面前有两个选择：加大对现有生产线的投入，以期实现降本增效，或投入资源研发新型环保产品，在固化产业中寻求新突破。此时，他就应该针对这两个选择展开机会成本分析。选择前者，可能在短期内能维持一定的利润，却放弃了在环保领域占据先机的机会。而选择后者，一旦成功可能引领行业趋势，使企业获得更广阔的市场和更高的品牌价值，但需承担一定的投入成本，且面临一定的技术研发风险。

总之，机会成本的概念从现实层面提供了一个相对全面的思考角度。管理者在探索时应该结合实际情况进行决策，避免盲目前进。

黄金圈法则

很多人在做事时，往往急于思考“怎么做”和“做什么”，却忽略了最为关键的“为什么”，只顾着低头做事，最终偏离了初心和目标。黄金圈法则强调的是“始”“终”如一，从“目的”出发，去推进事情进展。它由三个同心圆组成，从内到外分别是“为什么”（Why）、“怎么做”（How）、

“做什么”（What），各层分别代表着我们做事的目的、达成的方法和策略以及具体的行动，是一种由内而外的思考模式，能帮助我们挖掘做事情的本质原因。

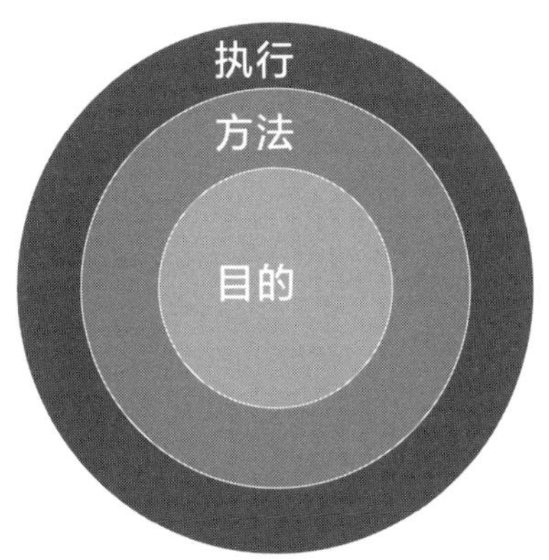

图 6-2 黄金圈法则

当我们清晰地理解“为什么”要做一件事时，我们才能更好地明确方向，采取更符合预期的行动。例如，企业员工如果只知道要生产某种产品（执行）和大概的生产流程（方法），而不清楚为什么要生产这种产品（目的），不理解该产品的定位是什么，是为了满足特定的市场需求，还是为了实现社会价值或是其他？在遇到困难和分岔口时就容易迷失，甚至走上错误的研发路径。

因此，在探索新领域时，身为管理者一定要深刻理解“为什么”要做，然后才基于“为什么”来构思、决策“怎么做”“做什么”，并在企业和团队内部充分贯彻和宣传“为什么”“怎么做”“做什么”，确保相关环节人员对整个执行“黄金圈”有正确、统一的认知。

在变革中，企业和团队总能求得新的、恰如其分的生机和活力，而这一切的起点有赖于探索思维，只有敢于探索，管理者才能打破陈规，突破困境，引领企业与团队走向新境界。

整合思维

尽量争取 1＋1≥2

领导力——借助合力

1. 博采众长是 1＋1≥2 的前提。
2. 整合是推动变革的驱动力。
3. 只有管理者懂得借助合力，组织才能够爆发出超越个体之和的能量。
4. 当组织面临变革时，借助合力可以使变革过程更加顺利。

经过长期运作，每个团队都会累积许多资源，这些资源可能是软性的组织过程资产，也可能是流动性较大的客户资源、人力资源等。但拥有大量资源却并不代表着能够很好地利用资源，尤其越是大型的团队和组织越容易呈现出“资源浪费”的趋势，即“1＋1＜2”。这是因为随着资源累积，人们对资源的把控力大幅削弱，导致无法有效利用资源，使本应互补的资源无法互相支持，通用的资源也无法成为基础支撑。也正因如此，越是成熟的团队对管理者资源整合能力的要求就越高。

在工作上，整合能力至少体现在两个方面：一方面是推动跨部门合作，鼓励不同部门之间的人员交流协作，促使大家齐心协力，共同解决工作中遇到的各种问题。如此一来，工作就不会局限于某个部门，管理者也能更全面、充分地利用组织内的更多资源，并根据战略目标进行合理分配，确保各项工作都能得到充分支持；另一方面是促进知识和经验的共享，搭建跨团队和部门的内部共享知识库，共建学习型组织，让员工彼此间能够相互分享工作中的心得和技巧，促进企业、组织整体能力的提升。

产品总监张起所在的公司是一家已经稳定运营超十年的行业内龙头企业。在这十年间，公司发展了多条业务线，业务范围从原本的面向 C 端用户的服务供给平台纵向拓展到面向 B 端的培训服务平台，并从专业需求较窄的用户群体横向扩展至休闲需求用户。广泛的业务覆盖面为公司带来了更多机会，但也暴露出了许多问题。例如，由于各条业务线长期独立运营，形成了不同的运作体系，信息难以共享，不同业务间出现大量重复工作；另外，公司的力量和资源不得不分散到多条业务线，力量难以集中，等等。

于是在高层战略规划会上，老板定下了新的战略目标：进一步拓展 B、C 端双端服务，构建一套足以“自给自足”的行业自营服务生态系统。

然而在接下来的很长一段时间里，公司的发展却陷入了漫长的瓶颈期：各条业务线负责人虽多次尝试在本业务领域为其他业务进行宣传，但由于各业务线的用户群体不同，效果远不尽如人意。显然，这样单纯的业务叠加并不能真正使它们相互融合，更无法使它们共同构成完整的自营服务生态系统。在这样的背景下，张起主动担任起了项目整合的牵头人。在团队内部，他与各业务部门负责人达成共识，推进企业内部知识库的建设，并建立了要事同步机制，促进信息共享；对外经营方面，他放弃了原有的简单叠加业务线的方式，转而从用户体验链路出发，寻找不同业务的结合点，推出了多个符合用户需求的爆款销售组合。目前，张起所在公司的整合之路虽然仍处于探索成长阶段，但已经取得了初步成效。

正如上面的案例所示，在进行整合的过程中，最大的难点并不是缺乏可整合的资源，而是缺乏整合手段。因为整合并不等于事物的简单相加，要想做好整合，管理者应懂得通过优化组合，实现各元素之间的互补和协同，从而使之产生更大的价值。在实操中，有两个模型可以帮助管理者从人和事的角度梳理并实现整合。

人——华盛顿合作定律

在团队合作中，随着团队成员数量的增加，有时会出现寓言故事中“三个和尚没水喝”的局面，即团队的整体效率反而降低，表现为“1＋1＜2”的现象，这种现象被称作著名的华盛顿合作定律。一般来说，人们将这种情景归咎于以下三个原因：

（1）团队成员增多，责任趋于分散。当团队成员较少，甚至只有一人的情况时，每项任务的责任将会准确落实到具体执行者身上，进而促使他们努力完成任务。然而，随着团队成员的增加，责任分配变得模糊，团队成员间很容易出现互相推诿的情况。这种逃避责任的心理必然会降低团队成员的努力程度和工作效率。

（2）社会懈怠。心理学中认为当个人处于团体之中时，其努力程度往往会低于其单打独斗时，这种趋势随着团队成员数量增多而越发明显，这是因为在团体中，个人荣誉和贡献作用容易被弱化，会导致个人状态变得松懈。

（3）组织内部的消耗。组织行为学上认为，随着团队成员增加，由于成员间的社会关系、沟通效率等方面影响，组织内部会出现一定程度的资源与精力折损。以沟通为例，正如前面的章节所说，沟通过程实际上类似一个漏斗模型，团队成员越多，这个漏斗的效应就越明显，沟通顺畅度也会大打折扣。

在了解华盛顿合作定律背后的这三大成因后，管理者可量体裁衣，通过明确分工和细化责任、建立适当的激励机制、关注团队关系建设等方式优化整合团队人员，从而节约人力资源，提升团队工作效率，避免无谓损耗。

事——价值链分析模型

哈佛大学商学院教授迈克尔·波特提出了“价值链分析模型”，该模型将企业运营的活动分解为一系列相互关联的价值创造环节。这些环节包括基本活动（如企业后勤、生产作业、市场营销和客户服务）和支持性活动（如企业采购、技术研发、人力资源管理和基础设施管理）。这些活动相互补充、相互影响，共同构成了企业创造价值的完整过程。

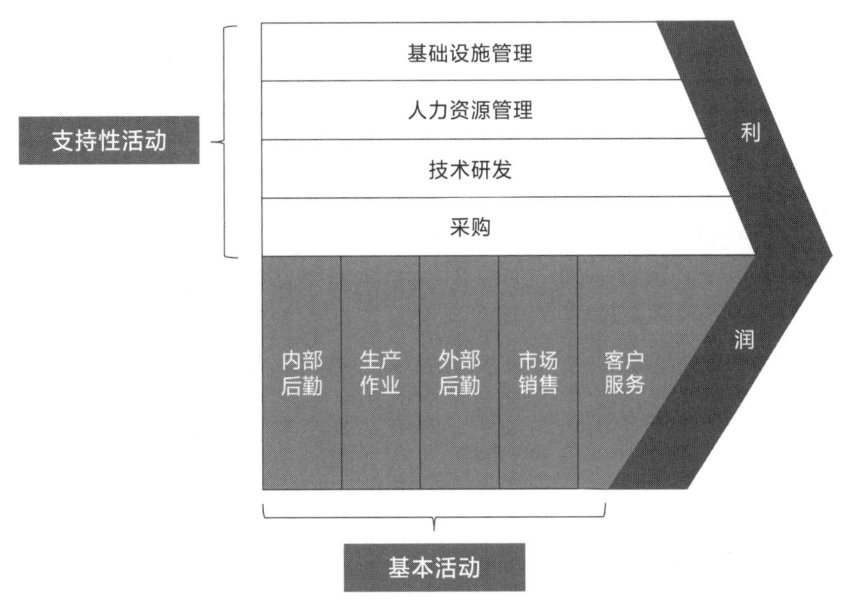

图 6-3 价值链分析模型

在实际操作中应用价值链分析模型时，管理者应遵循“由点到线，再由线到链”的原则，通过对价值链各个环节的分析和整合，识别企业内不同活动的价值，明确哪些活动是具有核心竞争力的，哪些环节适合进行优化或外包，以实现资源的最优配置和价值的最大化。

首先，企业需要对各项价值创造活动进行全面审查和评估，确定每个环节的成本和价值贡献。例如，计算生产作业环节的单位成本，以及该环节对产品最终价值的贡献比例。本环节可采用的工具有成本分析、效益评估等。

其次，做到“由点到线”，寻找价值活动之间的关联和协同点。以技术开发和生产作业为例，如果技术开发阶段，技术部门能够提供更先进的生产工艺，那么生产部门的作业效率和产品质量可能会得到提升，从而实现两个环节的协同增值。

最后，实现“由线到链”的转变，提高对外部合作与整合的关注度，将自身的价值链“编织”进外部更大的价值链中，可以考虑与供应商、经销商，甚至竞争对手进行合作，共同打造更有竞争力的价值链。例如，企业可以与同行业的其他企业共享物流资源，降低运输成本。

从理论层面来看，企业似乎拥有的资源越丰富越好，但实际上，资源总是有限的。在竞争日益激烈的市场环境中，企业应当正视资源的有限性，采取最大程度利用这些资源实现利益最大化的策略，这才是管理者管理企业资源时应当遵循的道路。

精简思维

有时候“少”才是“多”

领导力——宁缺毋滥

1.“舍得”拆开来的意思是有舍才有得。

2. 一位有魄力的管理者要勇于拨冗去繁。

3. 精简并不意味着简陋，它更多的是一种聚焦和专注。

4. 当你觉得你的团队运作不够灵活时，就应该适当“做减法”了。

如果说整合思维是集思广益，追求效益的倍增，实现“1＋1≥2”的协同效应，那么精简思维则是一种更注重剔除陈旧和冗余，保留相对简洁、高效的内容和竞争力的减法思维。与整合思维并非单纯“做加法”同理，精简思维也并非简单的“做减法”，其核心在于从繁杂中提炼出精华，达到聚焦效果，以此提升整体品质。

对于管理者而言，精简思维可以运用在工作中的许多场景上，主要可以概括为制度与产业两个层面：

在制度层面，企业和组织在发展过程中可能会逐渐形成一些烦琐的形式化规章制度。这些制度在初期可能有其合理性，但随着时间的推移，它们可能变成限制员工创新和工作效率的枷锁。最常见的例子莫过于某些审批流程，许多企业最初设置审批流程是为了推行责任制，提高流程透明度，促进企业内部沟通，确保操作合规合理，但后来，审批流程却越来越复杂，有时一个小项目的小决策都可能需要经过多层领导的批准，如此一来决策缓慢，自然容易错失市场机遇。这时候就要求管理者拥有精简思维，合理简化相关流程，让企业能更加灵活地应对市场变化。

在产业层面，随着产业服务的迭代升级，企业的产品和服务可能会附带上越来越多额外的功能及特性。然而，这些额外的附加品未必能提高客户满意度，反而可能导致产品复杂化。比如，一些手机应用的新功能日渐增多，界面变得越来越拥挤，用户操作起来反而越来越不方便。这时候就要求管理者拥有精简思维，剔除那些不常用或对用户价值不大的功能，以提高产品的易用性，让用户关注更加集中。

在电饭煲市场，许多品牌都在追求功能的多样化，试图通过增加各种烹饪模式和智能功能来吸引消费者。然而，某电器团队经过深入的用户调研发现，大多数消费者最常用的还是煮饭功能，而复杂烹饪模式和智能功能的使用频率非常低，他们真正需要的是一款简单易用、煮饭效果好的电饭煲。基于这一发现，该团队决定在产品功能上做减法，舍弃那些不常用的功能，专注于优化煮饭功能。

为了使主要功能更具竞争力，该团队引入了先进的电磁加热技术和微压控制技术，精确控制加热温度和压力，确保每一粒米饭都能均匀受热，煮出的米饭颗粒饱满、口感香糯。

而为了提升产品的易用性，团队把电饭煲的操作界面设计得非常简洁明了。用户只需按下一个按钮，就可以轻松启动煮饭程序。团队还设计了一个智能预约功能，用户可以提前设定好煮饭时间，确保在需要的时候，米饭已经煮好。

这款产品上市之后，赢得了许多消费者的喜爱。它的成功不仅在于技术的创新，更在于对用户需求的精准把握和对产品功能的合理取舍。

这个案例很好地展示了精简思维在特定领域的显著效果，它并不是盲目地削减，而是有针对性地剔除那些与核心价值不相关，或对实现目标没有帮助的元素。关于精简思维，管理者可以参考以下两种理论模型加以实践。

奥卡姆剃刀原理

14 世纪，英格兰的逻辑学家威廉·奥卡姆提出了“奥卡姆剃刀原理”。该原理强调一切空洞的、不具备实际意义的普遍性陈述都是无意义的，应当被无情地“剃除”，即“如非必要，勿增实体”。

这一原理在当前信息爆炸的时代仍然适用。我们每天都会经受大量信息的冲击，如果不对这些信息进行有效筛选，就很容易导致思维混乱，进而干扰正确决策。在工作中也是如此，只有剔除那些不必要的干扰因素，才能更清晰、快速地理解问题的本质，提升思维效率，最终做出正确决策。

例如，在面临多种项目实施方案的选择时，管理者应当优先考虑那些步骤最为精简、资源需求最为合理的方案。更具体来说，假设在软件项目开发中存在两种技术方案，其中一种需要引入众多新的技术框架以及构建复杂的代码结构，而另一种方案只依赖于相对简单的技术，那么依据奥卡姆剃刀原理，管理者理应优先考虑后者，因为它更为简洁高效。

当然，奥卡姆剃刀原理并非一味地强调“做减法”，它更多的是让管理者在确保能够实现目标的前提下，尽最大可能剔除冗余与复杂的元素，同时需防止因过度简化而忽略了重要的细节或者特殊情境，故而在实践过程中需要依据具体的情况来进行权衡与判断。仍以前面所述的软件项目为例，优先考虑后者不等同于优先选择，决策时还需综合评估后期维护成本等方面因素，在后者没有明显、严重硬伤的情况下选择后者。

最小可行产品（MVP）

最小可行产品（Minimum Viable Product，MVP）的理念是开发一个具备最基本功能、能够满足早期用户核心需求的产品版本，并且以最快的速度将其推向市场。在“MVP”中，“Minimum”（最小）意味着产品在开发的初期阶段，应剔除一切非必要的、复杂的或仅为附加值的功能及元素，只保留最核心和最基本的功能。这强调以最少的资源投入和以最简单的形式来构建产品，使之能够快速上市并尽早收集用户反馈。“Viable”（可行）则表示该产品版本具有实际可用性。虽然它十分精简，但仍然能够正常运行，并满足一部分早期用户的关键需求。换而言之，最小可行产品绝对不是一个只存在于概念中或无法实际使用的半成品，它理应能够切实解决目标用户的某些痛点或问题，让用户能够初步体验该产品，并在一定程度上从中获得价值。

在最小可行产品构建过程中，可将“减法思维”发挥到极致，因为管理者需要在这个过程中明确哪些是非必要、非关键的功能和元素，哪些是最核心、需要保留的功能和元素。以目前用户体量上亿的云存储软件Dropbox为例，它最初的最小可行产品只是一个简单的视频，该视频并未涉及过多复杂的界面设计，也没有添加其他额外的功能，其核心只是向用户展示其文件同步功能的具体操作方式，为的是将用户目光聚焦于“文件在不同设备间同步”这一关键痛点上。如今来看，我们不得不承认，Dropbox

的这个最小可行产品是成功的，它精准命中用户的痛点，通过最节约的方式将 Dropbox 的亮点讲清楚、说明白。

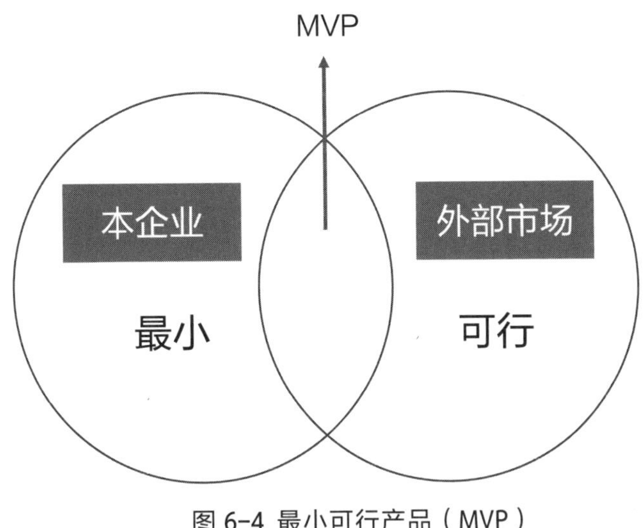

图 6-4 最小可行产品（MVP）

不论是奥卡姆剃刀原理还是最小可行产品（MVP），其本质都是“做减法”的精简思维。在企业资源、客户精力都有限的情况下，管理者应当将焦点放在产业核心以及工作效率上，拒绝将制度和产品服务复杂化。

重构思维

旧的不去新的不来

领导力——不断迭代

1. 一个优秀的管理者要懂得持续更新自己的行为模式和管理理念。
2. 从火药到鞭炮很简单，但从鞭炮到枪炮则需要经历无数次的迭代。
3. 认知就像积木，每一次的推倒都是对旧有认知局限的突破。
4. 在不断迭代中，你会越来越接近经营的内核。

不同于精简思维和整合思维基于原有体系进行一定幅度的优化与调整，重构思维可能同时包含精简和整合的过程，但远不止于此。它更注重于破旧立新，是一种更为全面和深入的根本性变革。一般来说，重构是以适应新的市场需求、技术发展和竞争态势为前提开展的，包括但不限于针对现有的组织架构、业务模式、工作流程等方面进行重新设计和调整。在组织架构方面，重构可能表现为打破传统的层级制度，建立更加灵活的项目制团队或矩阵式结构；在业务模式方面，重构可能意味着从传统的销售产品模式转变为提供服务或解决方案的模式；在工作流程方面，重构可能体现为采用自动化和数字化技术来优化流程。

某视频平台最早以鼓励用户上传各类视频而起家，有着浓浓的“草根文化”特色，但也免不了涉及盗版、侵权等问题。随着互联网的发展，各平台业务变得越来越规范，“打击盗版”成为视频平台的责任，该平台亟待转型。为了解决问题，管理者对平台业务和定位进行了重构。

在组织架构方面，他们建立了以数据驱动为核心的内容创作和推荐团队，根据用户的观看行为和偏好，精准推荐个性化的内容，以期通过这一举措提高用户的观看体验，让用户更容易发现符合自己兴趣的视频内容，从而提升用户的黏性和满意度。

在内容策略方面，他们不再依赖用户上传视频，而是走购买正版版权、孵化原创内容的路线，不仅积极引进海外经典电影、电视剧，也购买了大量国内精品剧集，还投资和主导制作了许多精品类型剧，并通过平台独家播放的形式成功吸引了大量用户，并且极大地提升了自身的影响力。

在这一系列的重构举措下，该平台成功度过了转型期，并在之后实现了业务的快速增长和持续发展。

该视频平台的重构案例为企业应对变化提供了良好的示范，当内外部环境发生重大变化时，企业原有的生产线、流程、制度可能无法跟上企业发展进度，又或者企业原有的产品及服务可能无法满足客户的新需求，这时候管理者就需要敢于求变，即使这种“变”对企业来说可能是颠覆性的改变。具体重构过程可以结合两个模型开展。

商业模式画布

商业模式画布是一种将企业商业模式的关键要素可视化的工具，它要求绘制者（通常是管理者）能够围绕以下 5 个方面进行思考：客户相关（如客户群体、客户关系等）、价值相关（如服务价值、经济价值等）、运营相关（如渠道通路、关键业务、核心资源等）、合作相关（如供应商、重要合作伙伴等）以及财务相关（如收入来源、成本结构等），从而全面描绘出企业的商业模式。

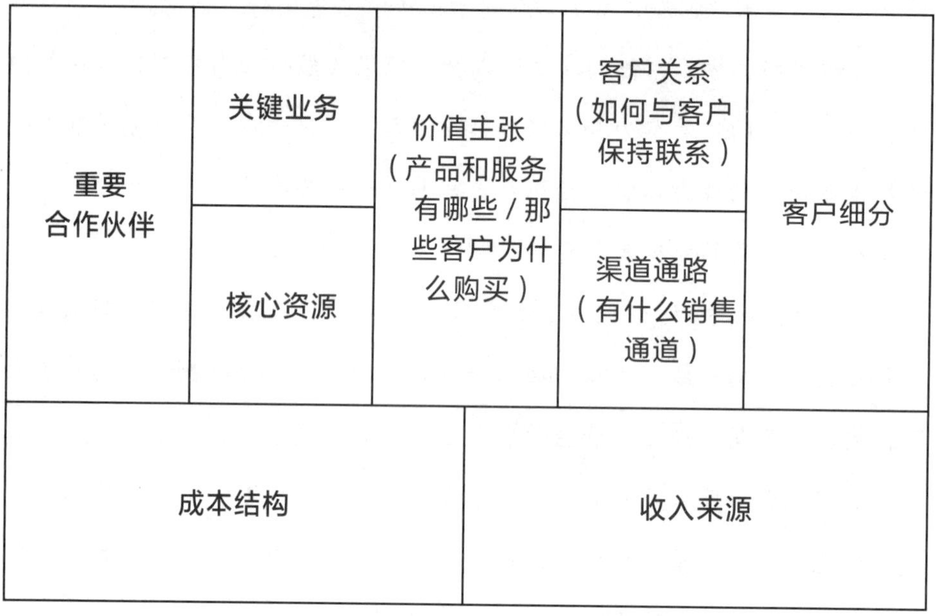

图 6-5 企业 / 个人商业模式画布

在现有商业模式画布的基础上，我们可以寻找“重构”的切入点。通常，这些切入点主要涉及以下 4 个方面：

（1）客户方面的重构：重新审视和拓展客户细分市场，例如，一家办公用品公司从仅服务于企业客户转变为识别个人创作者等新客户群体，并对不同类型的客户进行分类管理，以满足他们的个性化需求。这种“重构”可以帮助企业不断更新其价值主张，以适应市场和技术的变化。例如，传统书店可以结合商务人士的办公需求，推出工具书咖啡角，创造出新的价值主张，从而增强竞争力。

（2）渠道与运营方面的重构：考虑到渠道通路已经因为互联网的发展

发生了天翻地覆的改变，许多企业都需重构传统销售渠道。在这方面，企业可考虑加强线上建设，促进线上线下销售渠道融合，从而建立新的销售模式和通道。

（3）合作与关系方面的重构：转变传统客户关系模式，例如，从销售关系转变为长期合作伙伴关系，利用新技术改善客户关系，等等。

（4）财务方面的重构：探索新的收入来源，例如，酒店从单一客房收入到与周边商家合作推出旅游套餐来增加收入渠道。

商业模式画布可以帮助管理者快速寻找到合适的重构切入点，使他们能够根据企业的具体情况摸索出一条适合企业和组织的重构路径。

业务流程再造（BPR）模型

业务流程再造（Business Process Reengineering，简称 BPR）模型强调，需要对企业的业务流程从根本上进行思考和重构设计，以实现企业在成本、质量、服务和速度等关键绩效指标上的显著改善。

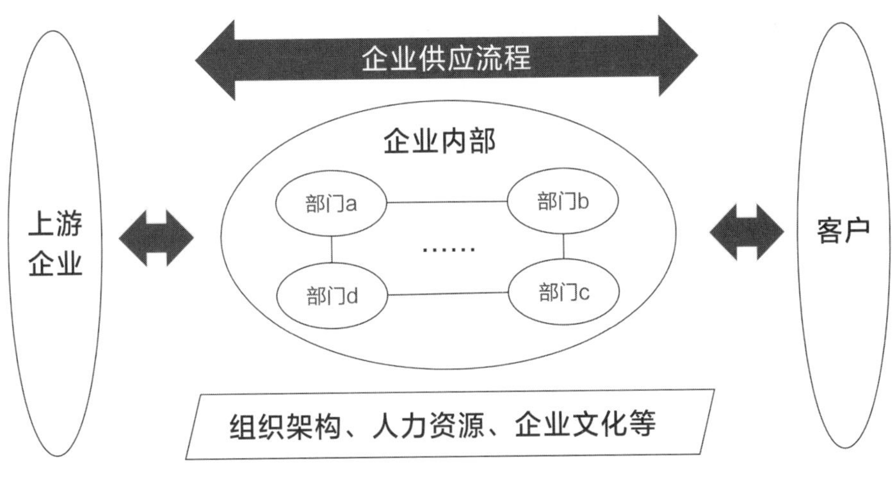

图 6-6 企业业务流程再造

其中，对企业的业务流程进行根本性再思考要求管理者重新审视现有的业务流程，不只是对流程进行局部的改进，而是要质疑部分流程存在的合理性和必要性，深度思考是否需要更改。例如，一家银行的贷款审批流程通常为：客户先准备并提交大量纸质材料，然后由银行内部多个部门进行层层审批。显然，这样的传统审批流程耗时较长、客户体验不佳。若要进行重构，首先要做的并不是直接大规模删减审批环节，而是重新思考贷款审批的本质目的和潜在风险，从而识别出不必要的申请材料和环节进行调整。

至于流程的根本性重构设计，则强调对流程进行彻底的重新设计。企业需要打破传统的部门界限和工作方式，以客户需求为导向重新构建流程。仍然以银行贷款审批流程为例，原有的线下窗口排队办事对于客户而言显然不够便捷，那么不妨结合数字化技术推动无纸化在线审批，缩短审批时间，实现“足不出户即能贷款”。

长期处于同一种固定模式下的企业和组织很容易陷入思维定式，其抗风险能力也必将大大削弱。在这种情况下，管理者若能谨慎设计，大胆重构，或许能为团队注入新的活力，帮助团队走得更长远。

辩证思维

要看到事情的另一面

领导力——不要片面地看问题

1. 凡事都有两面性，你所看到的不一定是事实的真相。
2. 从不同角度看同一个圆锥会得到不同的视图。
3. 任何时候都要避免以偏概全，以点概面。
4. 要辩证地思考，多角度看待问题，才能接近真相。

每一枚硬币都存在正反两面，同样的，每一种现象、每一项决策都存在利弊得失。身为管理者，应当及时认识到事物的两面性乃至多面性，才能做出更合理的决策。例如，扩大生产规模这一决策可能会带来更多的市场份额和利润，但也可能导致企业面临资金压力剧增、管理难度提升以及市场风险等级提高等挑战。因此，在做决策前，管理者必须充分考虑机会成本、真实成本等因素，并结合合理的定性和定量分析，最终得出最佳的决策方案。

从这个角度来看，辩证思维是管理者必备的思维方式之一。它可以帮助管理者关注到事物的对立统一、矛盾转化以及内在普遍联系，树立在变化中求发展的意识，从多个角度、多个方面去分析问题，认识事物。例如，当发现团队成员工作效率下降时，管理者切忌简单认定是某个员工的个人因素导致的，而应综合考量工作任务的难度、员工的工作环境、团队的协作氛围等多种因素。

我有几位朋友在大学毕业后共同创立了一家专注于 VR（虚拟现实）的技术公司。创业初期，他们公司就凭借着独特的 VR 技术应用在该行业大放光彩，为公司成功累积了一大批种子用户。然而不久后，VR 市场竞争便日渐激烈，新的竞争对手不断涌现，VR 技术开始进入快速迭代发展的时代，连带用户需求也处于不断变化中。一时间，他们公司面临用户流失和拉新不易的两难局面，出现了明显的发展瓶颈。为此，他们团队内部展开了激烈讨论：

负责产品研发的人认为，此时应该顺应市场，追加更多能够满足用户多样化需求的新功能，以此提高产品的竞争力，此外他们还贴心地附带了一系列有关新功能的概念贯宣，如在 VR 体验中增加更逼真的虚拟场景交互功能、实现人工智能辅助的虚拟角色互动等。在他们看来，推出更新鲜、有趣的功能是一种从产品、技术角度切入的创新，极有可能设计出能为用户带来“啊哈时刻”的经典功能，以此提升用户黏性，为产品打造更具吸引力的抓手。

而负责内容编辑的人则认为，过多的新功能可能会使产品变得复杂，最终影响用户体验，他们更希望通过内容创作来吸引客户。如结合已有的 VR 技术，创作独特的沉浸式戏剧作品，这些作品将充分利用 VR 的特点，打造多视角、多情节线的故事，让观众可以根据自己的喜好选择不同的观看视角和情节发展路径，给用户更丰富的体验。

我的朋友们告诉我，他们认为技术和内容是相辅相成的，技术不能脱离内容而单独存在，他们既需要技术来增强内容表现力，也需要内容来引导技术应用方向。如果单纯追求炫酷的技术而忽视内容的质量，那么就难以留存用户，观众可能会在新鲜感过后对他们的产品快速失去兴趣。同样的，如果不发展新技术，那么再好的内容也逃脱不了因跟不上科技发展而被淘汰的结局。

所以，他们最终选择了与热门景点的剧场合作，将VR技术与景点剧场的表演相结合，为观众打造沉浸式的观演体验。这样的做法既保持了产品的创新和竞争力，又没有因为过度追求功能而损害用户体验，成功实现了业务的持续增长。

由此可见，在做决策时，管理者要怀着辩证思维进行思考，这不仅意味着可以拥有更广阔的视野和更深刻的洞察力，还可以使管理者在复杂多变的市场环境中保持清醒的头脑，不被表面现象所迷惑，最终做出更合理、更具可行性的决策。在实操中，管理者可以通过学习权变理论和笛卡尔模型来更好地掌握辩证思维。

权变理论

权变理论指出，世界上不存在任何一种可以适用于所有情况、具备普遍性的管理原则和方法。这是由两方面因素导致的：一方面，外部环境一直处于不断变化之中，无论是市场需求波动、技术革新，还是政策法规调整等外部因素，都可能对企业产生直接或间接的影响。因此，切忌一成不变的运营模式。另一方面，组织内部也存在着诸多差异，员工的能力、素质、需求各不相同，组织结构、文化等也各有特点，切忌“一刀切”式管理。管理者要深刻认识到，市场与企业就如同一个充满变数的动态生态系统，单一的管理、运营模式绝不可能满足所有需求，一切决策和方针都要根据组织所处的内外部条件随机应变。

在工作中，实践权变理论的关键在于准确识别权变因素。通常情况下，外部权变因素包括市场竞争程度、行业发展趋势、宏观经济状况等；内部权变因素则涵盖组织文化、员工特点、组织结构等。在决策过程中，管理者需要综合考虑各种因素。例如，在员工激励方面，管理者需要根据员工的不同情况进行具体分析，不能一概而论地认为高薪就是最好的激励方式。对于那些经济压力较大的员工来说，适当提高薪酬待遇、提供绩效奖励的确是切实有效的激励手段；而对于那些注重个人成长和发展的员工来讲，提供培训机会、晋升空间才更可能激发他们的工作积极性。

除了决策之外，管理者还可以将权变理论应用在自己的管理风格上。可以根据员工的成熟度和任务的特点灵活调整管理风格：面对新入职且业务不熟练的员工，管理者可能需要采用指令型管理风格，明确告知他们工作的具体步骤和要求；而面对经验丰富、能力较强的员工，管理者则可以采用参与型或授权型管理风格，给予他们更多的自主权和发挥空间。

笛卡尔模型

笛卡尔模型的核心在于将复杂的问题分解为多个部分，然后逐个进行分析和解决，最后综合得出整体的结论，它充分体现了辩证思维，要求管理者在发现问题时，能对问题的不同方面进行思考，既关注整体又关注局部，在分析问题时，既能从微观切入又要有宏观视角。在实操中应用笛卡尔模型可以概括为以下三步：

（1）问题分解。在遇到问题时，首先按照数学中因式分解的思路，将问题分解成若干个子问题。例如，企业面临的员工流失率升高问题，可以分解为多个子问题：对薪酬待遇是否满意、对工作环境的感受如何、是否有足够的职业发展空间等。

（2）分析子问题。针对每个子问题进行深入分析，收集相关数据和信息。例如，在分析薪酬待遇的问题时，可以通过对同行业的薪酬水平展开调研，并结合公司内部的薪酬结构、涨薪通道情况等方面进行思考。

（3）综合求解。综合分析各个子问题之间的关系，找出关键因素和次要因素，确定各方面因素对结果的影响程度，然后根据分析结果制定相应的解决方案并实施，最后持续进行监测和调整，不断验证和探索更优解。

权变理论强调管理者要根据组织内外部条件灵活应对，笛卡尔模型则像解题思路一样引导管理者全面看待问题，二者都对职场管理有着重要作用。

总的来说，辩证思维追求的是一种全面性、平衡性、动态性的发展过程。其中，全面性体现在决策时要考虑到企业及团队的各个方面，不仅仅是关注具体业务层面的需求，还要考虑到组织架构、人员管理、企业文化等方面的具体情况；平衡性要求在发展过程中要平衡好各种利益关系和矛盾，如在追求企业经济效益增长的同时，要兼顾员工的福利和发展；动态性意味着发展是一个持续的过程，需要根据内外部环境的变化不断进行调整和优化。

创新思维

唯一不变的只有变化

领导力——要敢于打破旧认知

1. 创新需要打破固有认知的束缚。
2. 复制只能帮你快速熟悉一个领域，创新才能让你不断地成长。
3. 一个没有创新的团队是不会有竞争力的。
4. 过于依赖经验，很容易判断错误。

不管何时何地，我们都可以看到正时刻发生着的各种变化，尤其是科技飞速发展推动着各行各业不断变革，消费者的喜好日益个性化、多样化，市场需求亦随之快速更新。在这种背景下，市场竞争格局也同样处于不断变化中，新的竞争对手不断涌现，以往的竞争对手也正尝试着调整自己的战略和业务模式。身处其中，管理者必须认识到在变化中停滞不前就意味着落后，要怀着积极的态度，培养自己的创新思维。

创新思维指的是一种能够突破传统观念和常规模式，以变化的方式解决问题或创造价值的思维方式。它具有强开放性、创造性和实践性。强开放性体现在它鼓励人们从不同的角度去看待问题，接纳各种新的想法和观点；创造性体现在它要求人们能够产生新的想法、概念和方法；实践性体现在它要求人们不仅能停留在理论层面，而且能转化为实际的行动和成果。

一家名为“昌盛家具厂”的企业主要生产传统的木质桌椅，多年来一直依赖本地市场，为一些小型餐馆和家庭提供产品，生意虽不算红火，但也能勉强维持生计。然而，随着周边大型家具品牌的崛起以及电商的冲击，昌盛家具厂的订单量急剧下滑。

面对这一困境，厂长老王心急如焚。一天，他在逛家居市场时，发现现代消费者对家具的需求不再仅仅局限于实用性，环保、个性化、智能化等元素越来越受到关注。受此启发，老王决定带领工厂进行创新变革。

首先，在材料选择上，他摒弃了传统的、部分来源不太环保的木材，转而寻找一种新型的可再生竹材。这种竹材不仅具有良好的韧性和强度，而且生长周期短，符合当下环保的理念。

接着，老王高薪聘请了一支年轻的设计师团队，开始设计具有创新性的家具产品。他们推出了一款名为“变形精灵”的儿童桌椅套装，桌椅的高度可以根据孩子的身高进行智能调节，桌面还能通过简单的操作变换角度，方便孩子阅读、绘画和书写。此外，桌椅的边角都采用了圆润的设计，并添加了柔软的防护垫，确保孩子的安全。

在营销方面，老王不再依赖传统的发传单、打广告等方式，而是利用社交媒体平台进行推广。他邀请了一些家居博主和育儿专家来体验和评测“变形精灵”桌椅套装，并将评测视频发布在各大平台上。这些视频迅速引起了家长们的关注和讨论，产品的知名度也随之大幅提升。

老王顺势推出了免费试用一周的活动，让消费者亲身体验产品的优势。慢慢地，口碑开始传播开来，越来越多的家长开始下单购买。随着订单的逐渐增多，昌盛家具厂的生产规模也不断扩大，终于成功走出了困境，产品不仅畅销本地，还远销周边城市，成为了家具行业中一颗冉冉升起的新星。

家具厂的成功源于老王在关键时刻敢于创新，通过实质性的改变，为企业找到了一条新的发展之路。创新通常带有一定风险性，并非每次尝试都能取得成功，所以在推动企业创新时，管理者无需追求一步到位，可以采取循序渐进的方式展开探索。

初级：开放式创新

开放式创新强调加强与外部环境的互动和合作，在这一理念下，企业不再仅仅依靠内部团队的研发力量，而是积极与供应商、合作伙伴、客户，甚至竞争对手等外部厂商进行合作，整合各方资源和知识来共同推动创新。例如，如今市面上的某些汽车企业选择与科技公司合作，共同研究智能技术，推动智能汽车发展，实现了技术的快速突破和产品的创新。

开放式创新能够为企业带来许多好处，比如，可以拓宽企业的创新资源和知识来源，突破企业自身的研发能力和资源的局限性；缩短研发周期，从而更快地将创新成果推向市场；分摊创新成本和风险，从而减少因创新失败而带来的损失，等等。

在进行开放式创新时，企业可建立开放的创新平台或网络，比如，通过建立官方网站、创建社交媒体群组等方式，吸引外部创新者提交创意和解决方案，寻找合适的合作伙伴开展互动合作，与科研机构合作进行基础研究、与供应商合作改进原材料和零部件、与其他企业进行技术互补合作等。并且务必将外部创新成果有效地整合到企业内部业务中，即对引入的创新成果进行评估、改进和商业化应用，确保其符合企业的战略和市场需求，避免形式化创新或虚假创新。

与此同时，企业还要建立有效的知识共享和知识产权保护机制，如签订详细的合作协议、明确知识产权的归属和使用方式等。

进阶：颠覆式创新

如果说开放式创新为企业发展奠定了基础，那么颠覆式创新则为企业突破上限提供了可能性，它注重引入全新的技术、商业模式或价值主张，对企业和社会的发展都具有重要意义。对于企业来说，它是实现跨越式发展和超越竞争对手的重要途径。企业或许可以借此创造全新的需求，进而开辟新的市场空间，获得巨大的商业机会。例如，拼多多通过搭建社交式电商，在电商市场中迅速崛起，打破了淘宝、京东等电商平台的垄断局面。对于社会而言，颠覆式创新可以推动行业的进步和社会的发展，促使资源更加合理地配置，提高生产效率，最终达到改善人民生活质量的效果。例如，网约车平台的出现颠覆了传统的出租车行业运营模式，为消费者提供了更加便捷的出行方式。

管理者如果想要实现颠覆式创新，就要做好以下几项准备：

（1）长期投入和持续改进。颠覆式创新通常不是一蹴而就的，它要求企业及其管理者不断地改进产品或服务，提高其性能和质量，才能逐步扩大市场份额。例如，新能源汽车的发展经历了多年的技术改进和市场培育，才逐渐成为主流交通工具之一。

（2）密切关注市场的潜在需求和未被满足的痛点。颠覆式创新要求企业及其管理者能够深入理解用户需求，在实操中可以通过深入市场调研和洞察用户需求，挖掘一切可能被传统企业忽视的市场机会。例如，网约车模式的出现就是企业基于人们对便捷乘车的潜在需求的挖掘。

（3）鼓励尝试新的技术和商业模式。即使这些新兴的技术和模式在初期时可能并不成熟，只要有足够的潜力和机会，企业及其管理者也要勇于投入资源进行研发和实践。例如，无人驾驶技术在早期曾面临诸多法律和技术层面的难题，但不少科技公司依然坚持投入研发，并在如今取得了显著的进展。

创新思维是管理者带领企业不断前进和发展的关键，无论是开放式创新还是颠覆式创新都可以为企业提供不同的创新路径和方法，企业及其管理者可视情况推进，以崭新的面貌应对不断变化的市场环境，实现企业的长久发展。

第七章

战略思维

全局思维

站在山顶看风景

领导力——管理者要关注的不只是细节

1. 不懂得顾全全局的管理者难以成为优秀的领导者。
2. 眼界决定境界，格局决定结局。
3. 没有哪个成功的管理者会放任自己钻进牛角尖里。
4. 做管理者要懂得抓大放小。

如果一个团队的管理者经常沉浸在日常琐碎的事务中，那么对整个团队而言无疑是不利的。因为一旦连团队的领军人物都只顾着钻进细枝末节里，就注定没有人再去关注更宏观的大局层面，如此一来团队格局必定会变得越来越小，发展之路也会越走越窄。这也是为什么我在本章中优先强调管理者必须拥有全局思维。

这里所说的全局思维并非一种简单、笼统的思维模式，而是一种强调综合、全面的视野。它要求管理者在思考问题时拔高维度，不局限于某个部门、项目或者时间段，而是将企业、组织视为一个有机的整体，综合评估各个方面与团队间的关系和相互影响，如在空间维度上的行业生态、市场竞争、宏观经济环境，在时间维度上的总结过去、评估现在、规划未来。

换句话来说，管理者应该超越日常琐碎的事务，站在山顶，以更广阔的视野洞察市场的动态、行业的趋势以及企业内部的潜在问题。拥有这种全局观，往长远来说，能够帮助管理者及时抓住机遇，更早进行布局，提前规避风险，为企业的长远发展奠定坚实的基础；从短期来看，也能够令管理者更清晰地看到企业的整体架构和运作流程，理解各个环节之间的关联和互动。

某电池厂主要生产一些普通的家用电池，在竞争激烈的行业中勉强维生，时刻面临被市场淘汰的危机。厂长老赵是个深思熟虑的人，随着全球电子产品市场的悄然变化，特别是智能手机的兴起，他敏锐地洞察到这一趋势将对电池行业带来深刻影响。他认识到，未来电子产品将趋向小型化、高性能化和智能化，这意味着对电池性能的要求将越来越高，高性能电池将成为行业发展的必然趋势。

基于这一前瞻性判断，老赵顶住周围人的质疑，坚定地推动工厂转型。他四处奔波，不惜重金引进人才，启动新型锂离子电池材料的研究项目。尽管这意味着巨额的资金投入和短期内的无回报，老赵坚信这是企业突破困境的关键，并坚持不懈。在内部管理上，他一方面组织员工进行专业技能培训，从基础电化学知识到先进电池生产工艺，全面提升员工能力，为技术升级和新产品开发打下基础；另一方面，逐步淘汰旧设备，引入自动化生产线，以提高生产效率和产品质量。

与此同时，当其他竞争对手还在传统电池市场拼杀时，老赵已经带领团队与新兴电子产品制造商展开接触，成功与几家小型智能穿戴设备制造商建立了初步的合作关系，为新产品开辟了潜在市场。

几年后，随着市场对高性能电池需求的激增，老赵的电池厂凭借之前的技术研发、人才培养和市场拓展积累，迅速推出了一系列高能量密度、快速充放电的锂离子电池产品，成功打入中高端电池市场。

从该电池厂的一系列举措中，我们不难看到其管理者在各方面所展现的卓越的全局思维。落实到日常工作中，全局思维对于普通管理者也有极大意义，它能够帮助管理者全面分析问题，避免片面决策，从而提高决策的准确性和科学性，减少因决策失误给企业带来的损失。例如，一个部门经理晋升为更高一层的管理者后，关注点必然需要随之调整，从原来只关注本部门的业务转变为考虑更整体的战略方向。以进入新的市场领域为例，管理者需综合考虑市场潜力、公司的资源和能力、竞争对手的情况以及可能面临的风险等因素，而不再仅仅基于具体部门或业务的短期利益，抑或局部市场的表面繁荣做出决策。

那么，如何掌握好全局思维呢？PEST 分析模型和六顶思考帽都可以作为辅助性工具帮助管理者修行。

PEST 分析模型

PEST 分析模型是一种宏观环境分析工具，它主要从政治（Political）、经济（Economic）、社会（Social）、技术（Technological）4 个方面来分析企业面临的外部环境因素，有助于企业管理者全面了解企业所处的宏观环境，把握外部环境变化可能对企业造成的影响，从而制定适应环境变化的战略。

其中，政治因素包括政府政策、法律法规等，如税收政策、环保法规等调整都可能对企业的经营产生影响。管理者需多多关注与自身行业相关的政策法规变化，及时依法依规调整研发和生产策略，确保产品符合法规要求。

经济因素涵盖宏观经济形势、利率、汇率等，消费者收入水平和消费结构的变化也可能对企业发展造成影响，如随着消费者收入的提高，他们对高品质、智能化产品的需求可能增加，那么对应行业的企业管理者可以针对这一趋势调整产品策略，推出更符合消费者需求的高端产品。

社会因素主要涉及人口结构、文化价值观、消费者生活方式等方面，社会热点问题和趋势同样是影响企业发展的重要因素，如可持续发展、绿色消费等消费观形成后，消费者可能会对企业生产产生新预期，管理者可以将这些社会趋势融入企业的发展战略中，推出符合社会需求的产品和服务，提升企业的社会形象和品牌价值。

技术因素则聚焦于行业的技术创新、新技术的应用等方面，它明显与企业生产环节密切关联，管理者可以通过评估企业自身的技术研发能力和资源投入，根据技术环境的变化，合理规划技术研发方向和投入，确保企业在技术创新方面保持竞争力。例如，加大对研发人才的培养和引进，与高校、科研机构合作开展技术研发项目，等等。

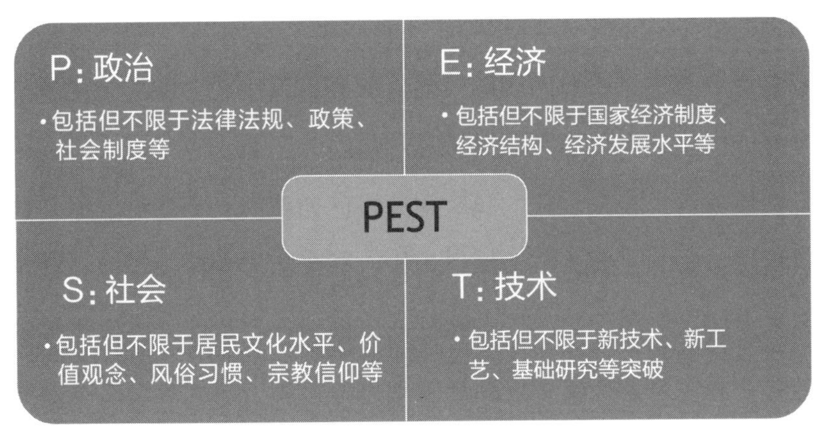

图 7-1 PEST 模型

六顶思考帽

为了帮助人们提升效率和专注度，“创新思维学之父”爱德华·德·博诺开发了一种思维训练模式——六顶思考帽，通过 6 种不同颜色的帽子：白色、红色、黑色、黄色、蓝色、绿色，代表 6 种不同的思考模式和方向。

图 7-2 六顶思考帽

白色思考帽关注事实和数据，它代表成员需要收集和分析相关的事实信息，如市场调研数据、企业财务报表等；红色思考帽强调表达情感和直觉，它代表成员要表达自己对问题的情感反应和直觉感受，如对某个新产品创意的喜好或担忧；黑色思考帽侧重评估风险和问题，它代表成员要对方案进行批判性分析，找出潜在的问题和风险，如新产品开发可能面临的技术难题、市场风险等；黄色思考帽聚焦优点和价值，它代表成员要从正面的角度思考问题，寻找方案的优点和价值，如新产品可能带来的市场机会和经济效益；蓝色思考帽负责组织和管理思考过程，它代表成员要对整个思考过程进行组织和管理，确保思考的有序性和效率；绿色思考帽寓意探索、创新和可能性，它代表成员要提出新的想法、解决方案和创意，推动企业的创新发展。

在实操中，六顶思考帽的运用既可以独立进行，依次在脑海中戴上不同颜色的思考帽，以不同视角梳理问题，也可以在会议上进行，由主持人（或组织者）戴上蓝色思考帽，负责组织和管理会议，然后让团队成员轮流戴上不同颜色的思考帽阐述情况和观点，鼓励大家共同思考和讨论。

其实，全局思维的意义不仅体现在企业发展上，还体现在个人成长上。在管理者的成长过程中，随着职位的提升，所面临的问题会变得越来越复杂，所做的决策也会越来越具有影响力，这时候是否具备全局思维将成为决定管理者能否向上发展的关键要素。

系统性思维

不让视野只局限于眼前的细节

领导力——把握好整体与局部的关系

1. 学会统筹大局，避免因为“细节中的魔鬼”损害大局。
2. 局部利益应当服从全局利益，不要为了芝麻丢了西瓜。
3. 管理者不能仅仅追求局部的最佳，还应该追求全局的最优。
4. 任何一个点、一条线、一个面都不能代表一个正方体。

“全局思维”要求管理者拔高维度去看待企业和团队，掌握更多信息，“系统性思维”是“全局思维”的延伸和利用。在这一阶段，处理好整体和局部的关系成为整个阶段的关键，是奠定企业成功的基础。因为一个管理者如果只关注局部，如只追求销售部门短期的销售业绩增长，而不考虑生产部门的产能和研发部门的新品开发进度，就很可能导致产品质量下降、库存积压等问题，最终影响整个企业的发展。

故而系统性思维对内要求管理者把事物看作相互关联的整体，从多个角度、层次分析问题，并注重事物之间的动态关系和反馈机制，强调把握整体与局部的关系，协调各部门的运作，让具体和细节服务于大局和整体，以实现企业的整体目标。这也意味着，管理者不仅要有全面的视角，能把握企业整体的发展方向，同时也要关注局部的具体业务操作。例如，在企业的战略决策中，管理者不仅要考虑企业的长期发展目标，还要关注日常运营中的细节问题。

对外则要求管理者有“扩大影响面”的观念，即分析和应对某些外部环境的变化时，把企业作为整体来看，而不仅仅是调整企业的某个孤立部分。例如，随着技术的进步和市场需求的变化，企业不仅要不断改进生产工艺和管理模式，还需要及时调整产品策略和营销策略。在这一点上，亚马逊就做得很出色。

光合科技，一家专注于智能灯泡的小企业。面临激烈市场竞争，创始人陈宇深知，单一产品难以长久立足，决定以系统性思维重塑企业发展。他对智能照明产业链进行全面分析，从上游的芯片、传感器研发制造，到中游的灯具设计生产，再到下游的智能家居系统集成与销售渠道，深入挖掘每个环节的潜在机会。在研发上，陈宇组建跨学科团队，致力于LED芯片、环境光传感器和智能控制系统等核心技术的研究，确保技术领先，为产品迭代和生态链拓展奠定基础。

光合科技逐步向上游拓展，与芯片制造商合作研发定制芯片，保障供应，提升产品性能。在中游，引进自动化设备和精细化管理，提升效率和品质，丰富产品线，树立品牌形象。陈宇还认识到智能照明在智能家居生态中的角色，推动与其他智能家居设备厂商的合作，实现产品互联。例如，通过与智能门锁、窗帘、摄像头等的对接，用户可在一个App上控制整个家居环境，打造智能家居生活。

数年布局后，光合科技构建了涵盖技术研发、产品生产、生态整合和市场推广的完整生态链。

很显然，陈宇的企业之所以能在激烈的竞争中脱颖而出，跟他具有系统性思维有很大关系。可惜现在的很多管理者都缺乏这种可以“救命”的系统性思维，他们要么一味钻入细节，缺乏大局观，要么视野和观点过于超脱，犹如空中楼阁。

那么如何提升自己的系统性思维呢？首先要把握整体与局部关系的关键——既能看到团队整体定位，又能在团队内的某处局部找到发力点，具体操作可以是：在思考时应用升维思维模型调整自己的视角，在决策时使用局部全局最优模型寻求最优解。

升维思维模型

升维思维模型是一种通过提升思考的维度，从更宏观、更全面的角度看待问题和解决问题的方式，简单地说，一维解决零维的问题，二维解决一维的问题……以此类推。车马发展史正是典型的升维解决方法，当马商还聚焦在“如何让马儿跑得更快”时，科学家已经升维至考虑如何解决人们“快速从 A 地到 B 地”的问题，于是汽车应运而生。

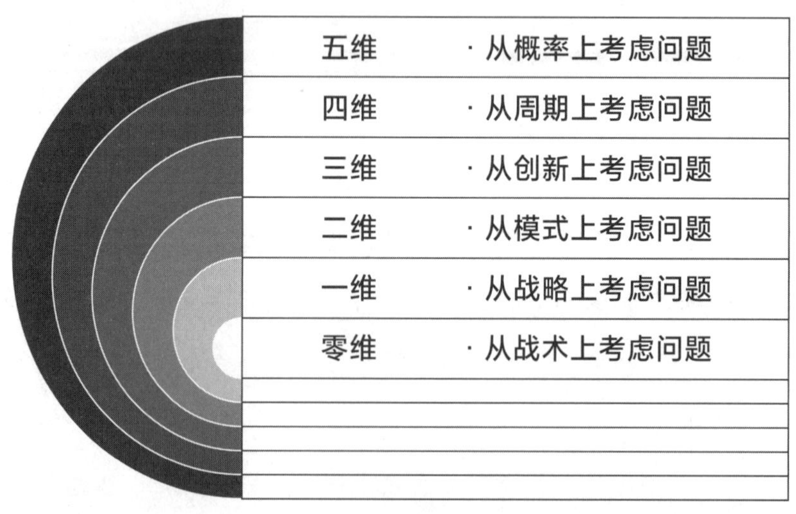

图 7-3 升维思维

在现代企业管理中，升维思维模型同样有用，它意味着不要局限于当前的业务层面或问题本身，而要跳出眼前问题的限制和常规解法，从更高的层次、更广阔的视角去分析和解决问题。例如，苹果公司从单纯的电子产品制造商升维到构建生态系统的层面，通过整合硬件、软件和服务，为用户提供了全方位的体验，从而创造了巨大的商业价值。

实操时，管理者可以尝试借助罗伯特·迪尔茨整理的逻辑层次进行升维，一般来说最低维度就是我们所处的环境，即面对的人、事、物等，再往上依次是我们的行为、做事的能力、价值观与信念、身份以及精神层面的愿景。当在对应层次遇到问题时，我们可以尝试提升层次去思考和解决。例如，当竞争对手开始打价格战（所处环境及对手行为）时，选择与竞争对手进行价格战，显然是在同一维度进行竞争，治标不治本，不如尝试升维处理，如从能力和价值上处理，提高服务质量或从产品与服务优势上突围。

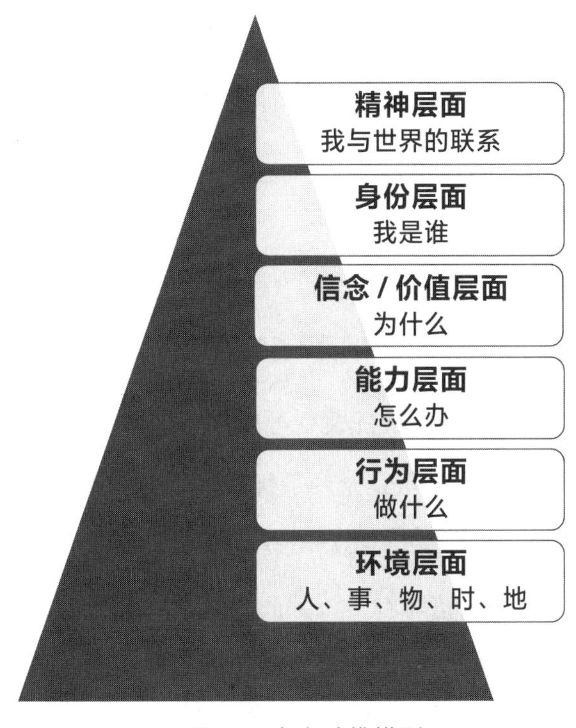

图 7-4 个人升维模型

要知道高层次的改变最终一定会促进低层次发生改变，而从低层次出发的改变却不一定能够影响到高层次。故管理者需要提升自己的思维层次，从不同层次思考，解决问题。

局部全局最优模型

局部全局最优模型是一种在决策过程中考虑局部最优与全局最优之间关系的模型。在运用该模型时，我们首先要理解局部最优和全局最优的概念，它们放在企业管理中，分别指的是企业内部各个部门或业务环节达成自身目标时的最优状态，以及整个企业实现战略目标时的最优状态。

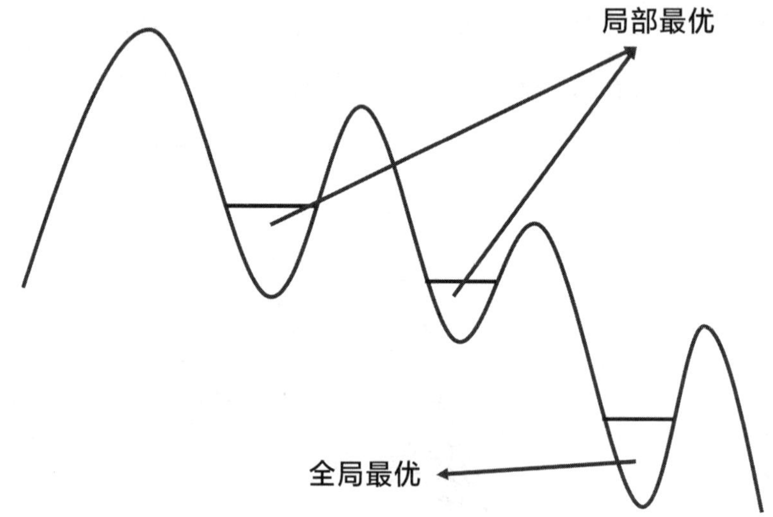

图 7-5 局部全局最优模型

理解和运用局部全局最优模型可简化为三个步骤：

（1）局部最优不一定是全局最优，但是全局最优一定是局部最优。例如，企业采购部门通过囤积策略取得了降低成本的效果，达到了该部门的最佳状态，但从企业整体看，该部门局部最优却未必是全局最优解，因为它可能对其他部门产生负面影响，如仓储成本增加、生产计划被打乱等。

（2）在外部环境不确定的情况下，若无法找寻到全局最优解，则可依据当前外部环境的条件寻找局部最优解。例如，在新兴市场中，企业虽然对市场未来趋势不明，但是可根据现有消费者需求特点、技术水平等先优化产品特定功能。

（3）确定局部最优解后，可以通过叠加升级局部最优解，最终达成全局最优解。例如，企业生产部门通过优化生产工艺实现局部最优，那么企业管理者可以进一步考虑与其他部门协同和升级，将优化后的工艺与销售部门市场需求预测结合调整生产计划，这是叠加升级局部最优解的过程。

作为管理者，拥有全局观是必要的，但同时也要明白，脱离局部的全局观就如同一纸空谈，真正能带领团队和企业进步的管理者应当懂得从系统的角度协调局部发展为大局贡献力量，以星星之火掀起燎原之势。

前瞻性思维

把握未来趋势

领导力——高瞻远瞩才能走得更长久

1. 管理者应抬头远望，勿只顾眼前，以拓宽视野。
2. 做管理者，不必做团队中最凶狠的狼，但要做最有远见的鹰。
3. 管理者是帅才，是战略家，是眺望远方的人。
4. 具备前瞻性思维是一个人通往成功的顶级能力。

当今的市场环境正处于不断的动态变化之中，新技术的不断涌现、消费者需求的快速演变、行业竞争格局的调整都可能对企业的未来发展造成不可估量的影响。例如，在如今人工智能技术快速发展的局势下，许多行业都面临向智能化转型的局面，此时必然机遇丛生，企业动作越慢越被动。可见，如果管理者不能提早把握行业趋势，那么企业就很可能在新的一轮竞争中落后，甚至面临淘汰，相反，如果管理者早早关注到未来趋势，就能提前布局，做到早入场早试错，提前抢占市场先机。以电动汽车市场为例，一些具有前瞻性思维的汽车企业早在多年前就开始布局电动汽车技术的研发和产业链的建设，等到如今电动汽车市场成熟后，这些企业也已经具备了成熟的产品和完善的市场策略，早早在市场中占据了有利地位，至于那些未能提早布局的企业如今再想入场就难如登天了。

再者，把握未来趋势也能够增强企业的抗风险能力，因为复杂多变的商业环境给企业带来的不仅有机遇，还有挑战，各种不确定因素随时可能对企业造成冲击，如果管理者能够提前预测到风险，如经济衰退、政策变化、行业危机等，并尽早采取相应的预防措施，就能帮助企业平稳地应对这些挑战。

综合企业的生存与发展角度来看，管理者能够把握未来趋势是企业持续发展的关键，它要求管理者必须拥有超越当前现状的视野，不仅能关注企业当前的业务和运营，还要对未来可能发生的情况进行预测和规划。这种以未来驱动眼前的思维模式即为前瞻性思维。回顾无人机品牌大疆的发展历程，我们不难发现前瞻性思维在其中发挥了关键作用。

在消费级无人机市场尚未兴起之时，大疆创始人便准确预见了无人机在民用领域的广阔前景，彼时，无人机技术存在成本高昂且操作复杂等问题，所以主要集中应用于军事等专业领域。而其却提前预判了无人机未来的消费市场，致力于研发小型化、智能化且价格相对亲民的消费级无人机。

首先，在技术研发方面，大疆持续投入大量资金和资源，成功攻克了无人机在飞控技术、云台稳定技术等方面的关键难题，让无人机的操作变得更为简单且稳定。其次，在产品设计以及用户体验方面，大疆也格外关注大众消费者需求，相继推出了多款外观时尚、功能强大的无人机产品。

后来随着市场逐步发展，大疆又极具前瞻性地洞察到了无人机在影视拍摄、农业植保、地理测绘等多个行业的应用潜力，积极拓展产品线和应用领域，为不同行业提供定制化的解决方案。比如，在农业领域推出适用于农业植保的无人机产品及配套服务，有力地帮助农民更高效地进行农药喷洒和作物监测等工作。

如今的大疆已然成为全球领先的无人机制造商，产品畅销全球，市场份额也大幅领先其他竞争对手，令人每每提起都不由感叹其创始人之远见。

不过，培养前瞻性思维并非一日之功，也不是单独地培养某项能力就能实现，它所需具备的能力模型辐射面极广，包括但不限于信息获取、分析能力、决策能力、风险管理能力等。故而想要提升远见力的管理者首先要更全面地丰富自己的能力模型，而在此之前，易得性偏差和确认性偏差需要引起管理者注意。

易得性偏差

易得性偏差是指人们在决策过程中，往往过于依赖那些容易获得的信息，而忽视了其他可能更重要但相对难以获取的信息。在工作中，许多管理者，尤其是新晋的、经验不够丰富的管理者在进行决策时都很容易受到易得性偏差的影响。例如，有的管理者可能没有深入研究更全面的市场数据和行业趋势，就草率地根据自己近期接触到的几个成功案例，轻易地判定某种商业模式或市场策略可行。如此一来，便很容易导致失败，这就是为什么我们强调管理者决策必须打破易得性偏差。

那么如何做才能够打破易得性偏差呢？首先，这需要管理者不断拓宽信息收集渠道，也就是不能仅依赖自己熟悉的渠道或身边的信息源获取信息，而要尝试通过更多途径，如市场调研公司、行业报告、学术研究等来获取更全面、准确的信息。

其次，对于容易获得的信息要保持质疑的态度，思考其是否具有代表性和全面性，并进行深入分析。

最后，在建立团队时，可以考虑招揽具备不同的专业背景和工作经验的团队成员，这些成员能够提供不同角度的信息和观点，帮助管理者避免决策时过于依赖某一种类型的易得信息。

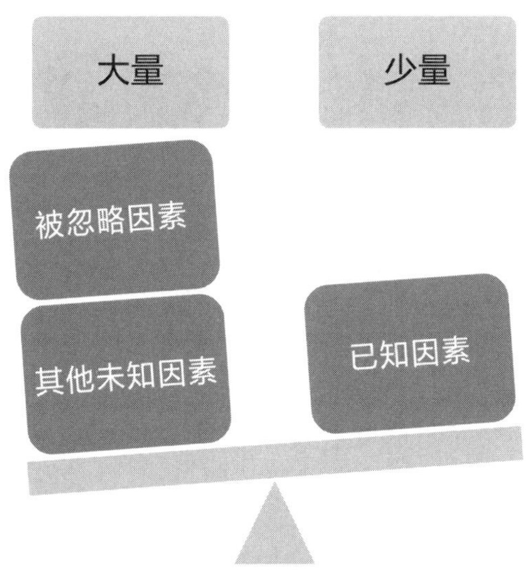

图 7-6 易得性偏差

确认性偏差

确认性偏差是指人们倾向于寻找和关注那些能够支持自己已有观点或假设的信息，而忽视或否定与自己观点相悖的信息。在企业决策中，也有不少管理者，尤其是那些更为“资深”的管理者，容易出现确认性偏差。例如，管理者对某个新产品的市场前景有一个乐观的预期，因此他在收集信息和分析市场时，就会更关注那些支持自己观点的正面信息，而在“无意识”中对可能存在的风险和负面反馈视而不见。这种做法带来的结果就是管理者很可能会陷入自我强化的思维陷阱，导致无法准确评估决策的风险和可行性，所以我们才强调管理者在决策时必须打破确认性偏差，做出更客观、全面的决策。

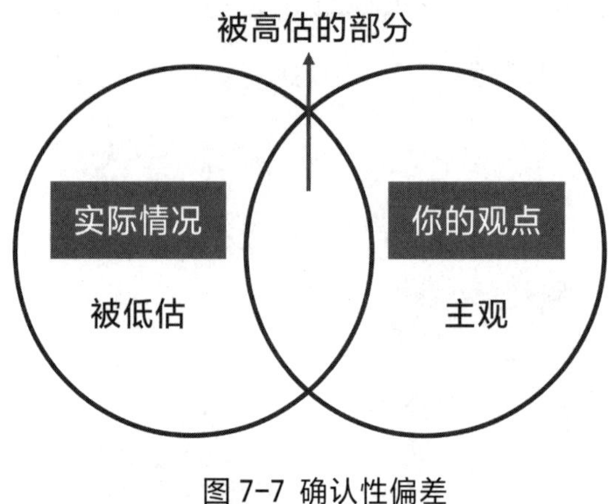

图 7-7 确认性偏差

管理者可以通过以下几点来打破确认性偏差，提升自己把握未来趋势的能力：

（1）主动寻求不同观点。在团队中建立开放的沟通机制，鼓励团队成员提出不同的意见和看法，尤其是那些与自己观点相反的意见，例如，在项目评估会议上专门设置一个环节，让团队成员提出对项目的疑问和担忧。

（2）进行逆向思考。从相反的角度去分析问题，先假设自己的观点是错误的，然后寻找证据来反驳自己，例如，在新产品推广决策中，可以尝试假设产品在市场上不受欢迎，然后分析原因和可能存在的问题。

（3）定期进行自我反思。审视自己在决策过程中是否存在只关注支持性信息的倾向，并及时调整自己的思维方式，例如，每个月对自己近期的决策进行回顾和分析，看看是否存在确认性偏差的问题，然后总结经验教训，以便在未来的决策中更加客观和全面。

总之，前瞻性思维作为一种企业战略决策必备的思维能力，需要管理者保持不断学习的态度并积累实践经验。只有经过长时间的积累与锻炼，管理者才能变得越来越有远见，懂得提前洞察未来的机遇与挑战，从而带领团队走得更稳、更远。

结构化思维

化大为小，化繁为简

领导力——有逻辑结构才能让下属更信服

1. 下属负责执行任务，而管理者负责拆解任务。
2. 精力有限的情况下，就要懂得拆解分配。
3. 会拆解复杂的目标，才能将大项目落实为具体行动。
4. 拆解会让无序的问题变得清晰起来。

众所周知，在日常工作中，管理者每日面对的事务和问题复杂繁多，对精力有极大的消耗。再提升一个维度来看，企业每日面临的问题也往往复杂而庞大，如市场拓展、产品创新、组织变革等，这对组织资源的消耗也是巨大的。在这种情况下，管理者思维的清晰程度与思维结构化程度将决定事务和问题的处理效率与结果，可惜在实际的企业运营中，很多企业管理者奉行“兵来将挡，水来土掩”的见招拆招模式，并未能重视结构化思维。这种做法带来的负面结果将逐渐侵蚀企业管理的方方面面。

在决策方面，缺乏结构化思维的管理者容易出现盲目决策和频繁变更决策的情况，因为没有对问题进行结构化分析，管理者易受片面信息影响做出不科学决策，一旦新信息出现便轻易变更决策，从而导致战略方向不稳，员工无所适从。例如，企业在市场拓展时，如果管理者没有对目标市场进行结构化分析，就很可能盲目进入不适合的市场，在投入资源却无预期效果后，也只能频繁调整策略，最终造成资源浪费和企业动荡。

在项目管理方面，不懂结构化拆解的管理者无法有效组织协调项目各环节，很容易出现进度拖延、质量不达标、成本超支等问题。例如，在新产品研发项目中，管理者如果没有按结构化思维进行分解管理，那么各部门会出现职责不清、沟通不畅、研发混乱等情况，如此一来，产品就很难如期上市，最终只会影响企业市场竞争力。

在团队管理方面，缺乏结构化思维的管理者很难合理分配任务和资源，这样会导致团队成员工作重叠或职责空白，进而影响工作效率。例如，在管理销售团队时，如果管理者没有按结构化思维划分销售区域、客户群体等，那么销售人员就可能重复拜访客户或遗漏重要潜在客户，销售业绩也会因此受影响。

结构化思维是一种底层思维模式，针对的不是某项具体事务，而是将事务按照一定的逻辑结构和层次进行组织、分析及理解思考框架。它的好处有很多，比如，能清晰地将大目标分解成小任务，进而明确每个部门或员工的具体职责，避免职责不清导致的推诿和效率低下的问题。在一个新产品研发项目中，拥有结构化思维的管理者可以按照工作流程（分解逻辑）将整个项目分解为概念设计、技术研发、样品测试、市场推广等多个阶段，这样一来，每个阶段都有明确的责任团队，可以提高项目的推进速度和质量。结构化思维还可以帮助管理者在信息过载的环境中快速抓住关键问题，例如，面对众多竞争对手的产品特点、价格策略、市场份额等复杂信息，拥有结构化思维的管理者在分析市场竞争态势时，会依据影响力大小（分解逻辑）提炼出关键的竞争因素，如产品差异化、成本优势等，以此来制定更有效的竞争策略。

丰田汽车在生产管理方面有一套非常独特且有效的模式，叫精益生产，它就充分地体现了结构化思维的精髓。

在生产过程中，丰田将汽车的生产过程分解为许多个小的工序和任务，比如，总装线上，将汽车装配工作分解为安装座椅、安装仪表盘、安装车门等一个个具体的小工序，并针对每个工序设置严格的操作标准和时间要求。然后将生产管理也进行相应细分，如质量控制分为原材料检验、制品检验、成品检验等多个小的环节，这样一来每个环节都有专门的人员负责，更大程度确保了产品质量。

丰田的这种精益生产模式使其在汽车生产领域取得了显著成就，也为其他企业提供了可借鉴的宝贵经验。除了这种“精益生产”的模式，管理者还可以在工作中结合 MECE 原则以及二八定律，更好、更具象化地发挥结构化思维。

先复杂：MECE 原则

MECE 原则可简单概括为“相互独立，完全穷尽”，它要求管理者在分解问题时注意保证各个子问题之间相互独立，彼此间既没有重叠，也没有遗漏，确保对问题的分析足够全面和准确。例如，在对企业的市场进行细分时，可以按照地域、年龄或收入水平等不同维度进行细分，保证每个细分市场之间相互独立，且所有的细分市场组合起来能够完全覆盖整个市场，没有遗漏。

图 7-8 MECE 原则

不要小瞧这个原则，如果在问题分解过程中没有严格遵循 MECE 原则，就很可能会使分析结果出现偏差，进而导致决策失误。例如，在企业的成本分析中，如果没有严格遵循 MECE 原则将成本项目进行全面分解，就很可能遗漏某些重要的成本因素，如此得来的成本控制策略必然存在错误。实操中，管理者可以这样做：

首先，明确问题的范围和目标，这是为了确保分解的方向是正确的。

其次，采用合适的分类方法，按照逻辑关系进行分解，如性别、年龄段、收入水平等，这是为了后续分解过程中有理可依。

最后，在分析问题和制定解决方案时，根据每个子问题制定相应的解决方案。

在分解过程中，需要不断检查各个子问题之间是否相互独立且完全穷尽，如果发现有重叠或遗漏的情况，需要及时进行调整和补充。

后简单：二八定律

正如 MECE 原则所述，很多问题或现象都可以被拆解为多个子问题，很显然这些问题很难在资源、时间、精力有限的情况下被完全解决。这时候，我们可以应用二八定律把问题“简单化”。

二八定律又称帕累托法则，它最初由意大利经济学家维尔弗雷多·帕累托提出，主要观点可以归纳为社会 80% 的财产由 20% 的人掌控。后来，人们发现这一观点适用于许多领域，即我们生活和工作中最终呈现的现象或结果有 80% 是因 20% 的关键因素而起的。例如，假设某产品质量存在问题，那么其中 80% 的问题是由其生产环节或零部件中 20% 的关键因素导致的，也就是说，只需要解决 20% 的关键错漏就可以解决 80% 的问题。

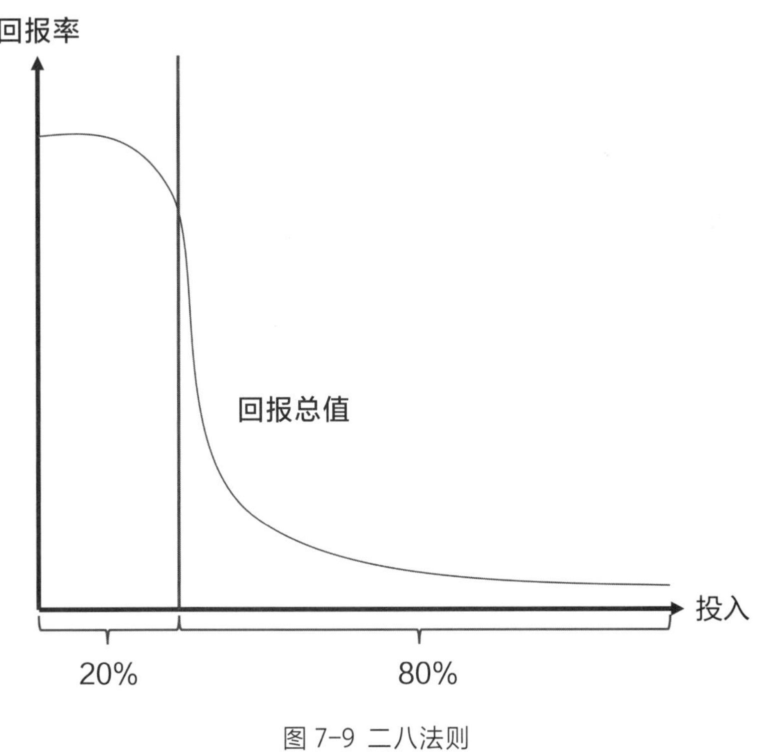

图 7-9 二八法则

推而广之，管理者在其他许多工作中都可以依据二八定律来决定资源和精力分配，将更多的资源和精力投入那些对企业业绩和目标实现起关键作用的20%因素。例如，在企业发展中，企业的80%利润来自20%的关键业务的贡献，那么这就意味着，管理者可以针对这块业务进行钻研，提供更优质的服务和个性化的营销方案，从而提高客户满意度和忠诚度，进一步提升企业的销售业绩。

聪明的管理者绝不会放任事务如散沙一般混乱无序，他会时刻保持头脑清晰，这需要他不断锻炼自己的结构化思维能力，化大为小，化繁为简。当然，也只有这样的管理者才能最终做出准确的决策。

批判性思维

带着“怀疑”的目光看世界

领导力——“质疑”才会进步

1. 不盲从就是保持着怀疑的态度去求证、寻进步。
2. 一切路都是从“没有”到“有”，一切“常规”也都是从“不常规”而来。
3. 创新就是敢于挑战“常规”。
4. 从来如此不一定就是对的。

信息之于管理者有重要意义，大到战略决策、风险前瞻，小到竞品分析、生产管理都离不开信息的支持，一旦信息出错，后果不堪设想。但偏偏这个社会上充斥着各种各样的信息，其中包括友商的成功经验、市场环境的变化趋势、过往的历史数据等有效信息，也包括敌商故意释放的烟雾弹、错误的经验总结、无端恶意的揣测等无效或错误的信息。尤其随着技术发展，在正确信息传递得越来越快的同时，错误无效的信息也同样传递得飞快，甚至有的时候，正确的信息也未必适合本企业的发展需求。例如，某大型企业通过大规模广告投放和品牌建设迅速提高了市场份额，这一消息无疑是正确的，策略也是有效的，但对于初创型公司而言，却并不具备借鉴意义，即缺乏适用性。如果创业者盲从，不仅无法将广告投放有效地转化为实际市场增长，还会给公司带来巨大的资金压力。

因此，信息识别能力也成为管理者急需重点培养的能力模型之一，他们需要准确识别出所获取的信息的准确性、时效性和适配性，从而筛选出对自己有用的信息。在这一过程中，管理者最应秉持的是一种批判性的思维，即保持审慎而深入的分析态度，不轻易接受表面现象或单一来源的信息，主动质疑信息的来源、背景、目的以及潜在的偏见或误导因素，通过多角度、多层次的考察来验证其真实性与可靠性。除此之外，批判性思维还要求管理者敢于大胆假设“非常规”的情况，然后小心谨慎进行验证，最终推导出适配的决策。在电商竞争激烈的市场环境中，拼多多的发展道路就充分展现了批判性思维的应用。

当时，已具相当规模的传统电商巨头如京东、淘宝、唯品会等都主要聚焦于一、二线城市的消费群体，强调品牌和品质商品，而拼多多的管理者在对市场格局和用户需求进行深入剖析时，意外发现被忽略的商机——广大的三、四线城市及农村地区存在巨大的未被充分满足的消费需求。考虑到这部分消费者对价格更为敏感，他们极具批判性思维地逆“常规”而行，决定采取差异化的策略，不刻意强调品牌和品质商品，转而整合大量中小厂家的低价商品资源，推出社交拼团的新模式，为消费者提供了更具性价比的购物选择，最终实现爆炸式裂变。

这一独特的商业模式打破了电商行业的既有格局，使拼多多在短时间内获得了庞大的用户基础和市场份额，一举跃升为电商领域的一匹黑马。

拼多多成功的背后是其管理者对市场需求的精准洞察，以及对商业模式和用户体验的深刻理解，但这二者归根结底其实是对“常规”的挑战，这让我们见识到了“批判”的宝贵。或许拼多多的成功很难再次复制，其管理者的批判性思维却可以被借鉴，实操中管理者可以借助以下两个思维模型来锻炼和提升自己的“批判”能力。

保罗—埃尔德批判性思维模型

作为一种全面而系统的思考框架，保罗—埃尔德批判性思维模型主要包括思维元素和智力标准两大部分，它主张通过全面分析思维元素，并按照智力标准审视信息，确保思考过程的严谨性和科学性，避免决策的盲目性和片面性，提高决策的可靠性。

在这其中，思维元素包括目的、假设、问题、视角、证据、概念、推理和效应8个方面，以企业市场营销全流程为例，要想提高市场份额（目的），可以考虑如何从竞争激烈的市场中脱颖而出（问题）入手，这时管理者需要获得市场调研数据、竞争对手的情况等（视角），然后根据信息初步提出解决方案假设，如发布新产品（假设）等，同时，收集并明确“市场份额”“环比增长率”（概念、证据）等关键概念的定义和范围，才能更准确地理解和分析问题，界定策略效果，接着基于概念和证据，判断策略是否能对提升市场占有率产生显著影响（推理），最后评估新策略带来的正面和负面效应（效应）。

智力标准则穿插于思维过程之中，它包括清晰性、精准性、准确性、相关性、逻辑性、重要性、公正性、深度和广度共9条普遍原则。以清晰性为例，它要求表达的思想和观点要清晰易懂，如在进行团队沟通时，管理者必须对成员的发言提出要求，要能让其他人明白其意图；再以准确性为例，它强调信息和数据的准确无误，如市场调研数据必须真实可靠才能作为决策依据。

当你熟练掌握保罗—埃尔德批判性思维模型，并习惯于运用思维元素和智力标准评估信息和解决问题后，你的批判性思维也将得到锻炼。

推论阶梯思维模型

由哈佛大学著名的管理及系统学者克里斯·阿吉里斯所提出的“推论阶梯思维模型”是一种立足于实际，帮助我们填补思考漏洞，验证思考过程的工具。

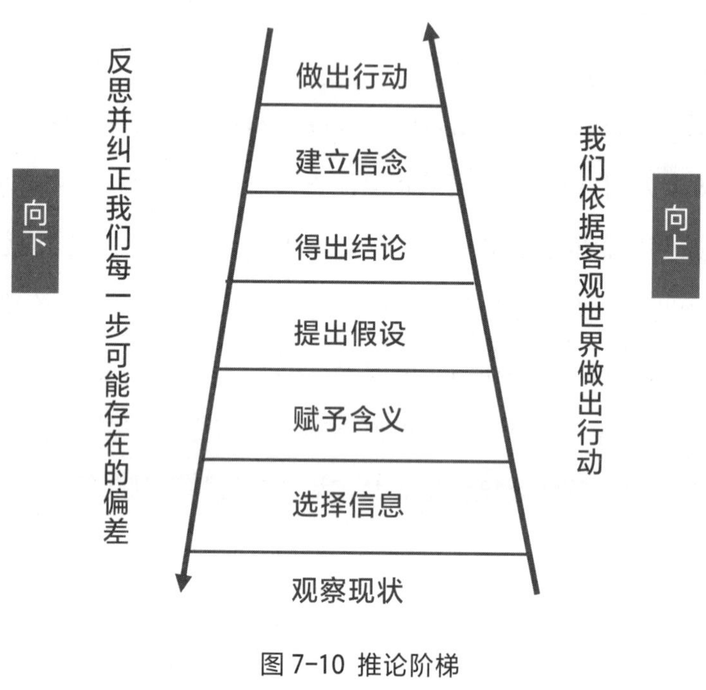

图 7-10 推论阶梯

推论阶梯思维模型将我们的思考过程分为 7 个阶梯，阶梯第一步，通过感官获取原始数据和信息；阶梯第二步，根据自身情况选择性地关注某些信息，而忽略其他信息；阶梯第三步，对选择的信息进行解释和诠释，并为这些信息赋予特定的意义或价值；阶梯第四步，基于赋予的意义作出一系列假设，包括但不限于对未来可能发生的情况进行预测或推演；阶梯第五步，根据假设得出相应的、带有主观色彩的结论；阶梯第六步，随着新信息的获取和旧有信念的重新审视，重新调整看法和结论；阶梯第七步，基于调整后的看法和结论，采取相应的行动。

观察这架梯子，你会发现阶梯的每一步都有可能出错。首先获取信息可能不全面，其次筛选信息可能存在偏颇，再者赋予信息意义时也可能存在主观好恶……这些都将共同影响最终行动的执行效果。

在这架梯子不被具象化之前，我们大多数时候可能会根据有限的数据快速推导出某个行动决策；但当这架梯子被具象化后，我们完全有机会放慢脚步、从上往下地进行回顾、审视，去质疑、修正每一步阶梯。

信息本质上并无对错之分，重点在于怎么看和利用。很多时候，正确的信息加上盲从都可能转变成带毒的利刃，而错误无效的信息加上批判性思维也可能变成久旱之甘霖。

可持续思维

可以持续才是硬道理

领导力——拒绝短视决策

1. 以牺牲可持续性为代价的企业不可能走得长久。
2. 能够牺牲眼前小利换取长久利益的买卖不亏。
3. 昙花一现不值得庆祝，开得长久才值得。
4. 不要怕花时间和金钱在环境上。

对于一个管理者来说，“今朝有酒今朝醉”的思维模式显然不适合企业发展，因为这样的思维和心态只能带来一时的利益和满足，实际上这是对未来的透支和对企业未来发展的不负责。管理者，尤其是高层管理者，作为企业代表，肩上背负的除了经济效益外，还有社会与环保的责任，只有坚持贯彻“可持续发展”，才能带领企业实现真正意义上的长期繁荣。

从以前到现在，不乏因忽略长期发展而陨落的企业，如安然因财务欺诈而轰然倒塌，Recaro Automotive 公司因丧失竞争优势而退出历史舞台……这些案例深刻揭示了单一追求经济利润，忽视可持续发展原则所带来的严重后果。漠视社会与环境责任必将使企业在错误的道路上越走越远，从而导致风险大幅提升，使之陷入“生存”困境，如此一来，企业怎么可能做大做强？

某户外服装品牌以实际行动诠释了可持续发展思维如何深刻惠及企业发展，成为行业内践行环保与商业共赢理念的典范。它的创始人是一位狂热的攀岩爱好者，对自然有着深厚的情感和敬畏之心，从创业之初就将这种热爱融入企业的灵魂之中，确立了以环保为核心的可持续发展理念。

在产品生产环节，品牌使用有机棉作为服装原料。有机棉的种植过程不使用化肥和农药，减少了对土壤和水源的污染，同时也保障了棉农的健康和权益。品牌还致力于降低能源消耗和废弃物排放，他们研发并采用先进的节水染色技术，使每件服装的用水量相较于传统染色工艺大幅减少。同时，工厂内部建立了严格的废弃物分类和回收系统，将生产过程中产生的边角料、废旧衣物等进行回收再利用，制成新的服装或其他产品，真正实现了资源的循环利用，最大限度地减少了对环境的负面影响。

除了在生产过程中践行环保理念，品牌还秉持“少即是多”的设计理念，摒弃了过度追求时尚潮流而导致产品快速过时的做法，转而设计经典、耐用的款式，确保消费者能够长期使用。而且，品牌的门店有免费的衣物修补服务，鼓励消费者延长衣物的使用寿命，减少不必要的消费和浪费。这种独特的经营方式不仅增强了消费者对品牌的忠诚度，还传递出一种积极的消费观念，引领了行业的可持续消费潮流。

随着消费者对环保意识的不断提高和对可持续产品的需求日益增长，该品牌凭借其长期积累的品牌声誉、先进的环保技术和稳定的供应链体系，成功地在激烈的市场竞争中脱颖而出，实现了企业的稳健发展。

该户外品牌的成功生动地证明了，可持续发展思维不仅能够为企业带来良好的社会效益，更能成为企业长期繁荣发展的坚实基石。这种思维强调管理者不仅要追求经济效益，还要兼顾企业在社会和环保方面的责任，确保当前的发展不会竭泽而渔，压缩未来的需求空间。

当然，可持续发展绝非空喊口号或理论上的构想，它需要被转化为切实可行的行动方案，融入企业的日常运营与管理之中。为此，管理者可依据企业自身实际情况，从建立可持续发展意识到引入管理框架，循序渐进，推动企业可持续发展。

初阶：企业内建立可持续发展意识

推行可持续发展首先要做的是在企业范围内建立可持续发展意识，引导企业上下理解可持续发展理念，并使之深入人心，这是可持续发展由理念转化为实际行动的重要基础。在实际操作中，管理者应遵从“自上而下”的原则来执行，具体可以分为以下两步：

（1）制定可持续发展目标：在企业长期愿景和使命中纳入可持续发展理念，明确企业在经济、社会和环境三方面的可持续发展目标，为后期执行过程提供决策依据与评估考核标准。

（2）营造企业文化：通过会议、海报、网站、公示等途径向全体员工传达企业可持续发展的愿景和使命，确保员工能够理解并认同该理念。同时通过表彰、培训等方式，将环保和社会责任融入企业文化，在全公司范围内逐渐营造出浓厚的可持续发展氛围。

进阶：环境、社会与治理（ESG）管理框架

当员工逐渐理解并认同可持续发展理念后，管理者可以尝试在企业管理中引入 ESG 管理框架，助力企业可持续发展工作再上一个台阶。这一管

理框架最初兴起于经济金融领域，是一种新兴的、综合性的企业管理和评价体系，它聚焦于被投资的企业在环境、社会和治理三大维度的综合表现，可以帮助投资者构建更为全面的资产筛选和项目投资分析体系，从而量化评估该企业在促进经济可持续发展、履行社会责任等方面的贡献。

目前，该管理框架已广泛应用于上市及拟上市企业的日常运营之中，成为制定与企业总体战略紧密衔接的可持续发展蓝图的关键一环。而对非上市公司而言，ESG 管理框架在提升企业抗风险能力与市场竞争力，以及获得融资支持等方面同样具有重要的作用。

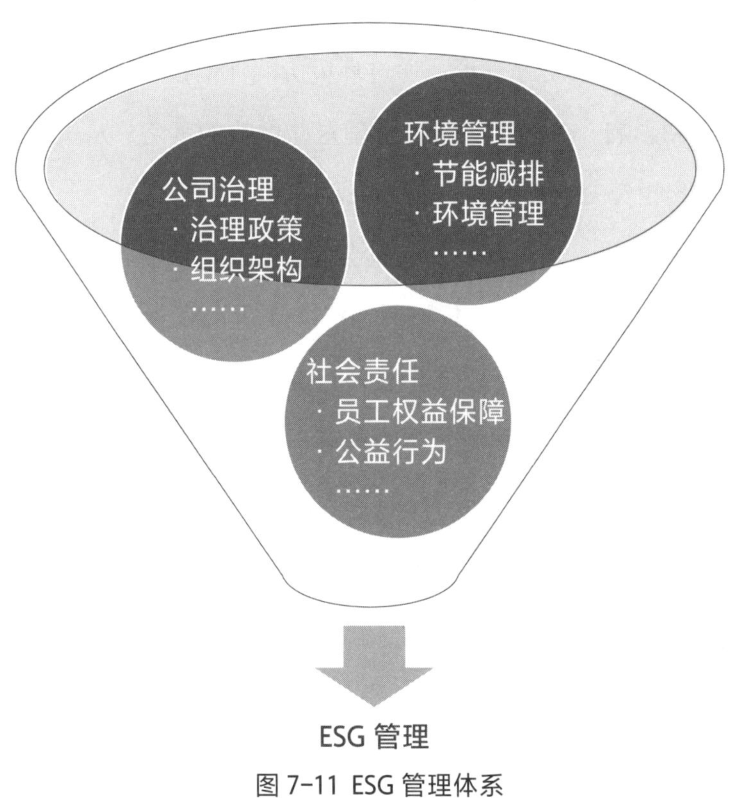

图 7-11 ESG 管理体系

特别是在全球范围内对 ESG 合规要求呈上升趋势的大环境下，构建 ESG 管理框架可以帮助企业尽早避免因违规而面临的法律风险。具体实施方案可以参照如下步骤：

（1）战略规划：在实行 ESG 政策前，应从战略层面自上而下地全面融入可持续发展理念，并结合内外部分析，明确企业在 ESG 方面的承诺和原则，确保策略应与企业的整体战略一致，并得到高层管理者的支持。

（2）制定 ESG 政策：根据 ESG 政策，以时间为维度，制定具体、可衡量的 ESG 目标，并纳入绩效考核体系，以确保目标的实现。

（3）治理体系建设：根据自身实际情况，选择适合的 ESG 治理架构，负责监督和推动 ESG 政策和目标的实施。例如，在组织架构上设置独立的 ESG 委员会等。

（4）环境与社会责任管理：通过环境影响评估，识别企业活动中的主要环境风险和影响，并制定减缓和管理这些影响的策略；从员工福利、社区服务、社会投资三方面入手，履行企业的社会责任。

（5）持续改进：通过调研、交流会等方式收集利益相关方的反馈和建议，同时，建立数据收集和分析机制，持续改进 ESG 管理实践。

可持续发展对企业而言意义非凡，它既是企业长期生存和繁荣的重要支点，又是企业提升口碑和竞争力的关键，更是实现企业长期利润与价值最大化的重要途径。然而，可持续发展道阻且长，需要管理者不断探索，寻求创新，才能引领企业走向正确的方向。